한가락 시조집 30

한가락 삼십년이여

한가락 모임 지음

도서출판 다운샘

책머리에

이번호는 서른 번째 발간되는 한가락 시조집이다. 한가락은 유도회 한문연수원에서 중관 선생님께 한문을 배우던 중 · 고교 선생님들과 회원들, 그리고 당시 육사에서 중관 선생님께 우리역사를 배우던 생도 일부가 경기도 포천의 여말절신 이헌(怡軒) 성여완(成汝完) 공(公)의 묘소(墓所)를 찾은 것으로부터 연원(淵源)하여, 당일 모임의 명칭(名稱)을 한가락이라 칭(稱)하고, 그 다음 달 금수정(金水亭)을 찾았을 때 회원들 각각에게 호(號)를 지어 붙여주며, 서로 부르게 하고 한 달에 한 번씩 우리 선조(先祖)들 중 올곧고 바르게 사시다 간 분들의 유적(遺蹟)을 찾아다니며, 그분들의 유적(遺蹟)을 공부하고 그 내용을 중심으로 우리 문화 중 가장 우리다운 것 중의 하나인 시조(時調)로 짓고 부르고, 기행문(紀行文)을 곁들여 일 년에 한 번씩 책으로 출판하여 이제 그 서른 번째 출판, 그러니까 한가락 창립(創立) 삼십년이 되는 것이다.

십년이 되던 2000년에는 민족(民族)의 영산(靈山) 백두산(白頭山)과 단군(檀君)이 제사(祭祀)를 올리던 강화(江華) 마니산(摩尼山) 참성단(塹城壇)을 탐방(探訪)하였으며, 회원들 중에는 개인 시조집을 내기도 했고, 선생님이 칠순(七旬)이 되시던 해에는 사자성어집 '삼국사기(三國史記) 삼국유사(三國遺事) 우물물'을 지어 올리는 등 함께 공동으로 발간한 한시집 '누정풍월(樓亭風月)'을 비롯하여, 여러 책이 있으며, 오남(梧南) 선생님은 독자적으로 '고려감당(高麗甘棠)', '진역유곡(震域儒曲)' 등 여섯 번째 한시(漢詩) 집을 출간하여 노익장(老益壯)을 과시하셨으며, 한가락 회원들이 출간한 책은 개인과 공동으로 엮어낸 책들을 망라(網羅)하여 무려 삼십여 권이 넘는다. 이는 물론 회원들의 열성적인 노력이 있기도 했지만 선생님의 한결같고 꿋꿋한 도움이 없었으면 불가능한 일일 것이다.

한 번 뿐인 인생 누구나 다 잘 살고 싶은 바람이 있을 것이다. 그러나 그것은 그렇게 쉽게 단정할 수 있는 일이 아닐 것이다. 사람마다 출생과 환경, 시대가 다르고 그에 따라 생각과 명이 각각 다르게 나타나니 어쩔 수 있겠나? 그렇지만 옛 선인(先人)들은 이미 그에 대한 답(答)을 다 내놓고 있다. 고전(古典) 속에, 사서(史書) 속에 그런 것을 다 기록해 놓았다. 다만 우리가 거기에 다가가지 못할 뿐이다. 한가락 활동은 거기에 다가가기 위한 한 가지 방편(方便)이다.

여러 어려운 조건 속에서도 삼십년을 한결같이 우리 한가락을 이끌어 주신 중관 선생님, 이번호에도 멋진 표지 그림을 그려주신 이호신 화백님, 삼십년간 어려운 살림을 잘 꾸려온 총무 노산당, 그리고 열심히 한가락에 시조를 지어 내어주신 회원님들, 책을 예쁘게 꾸며주신 다운샘 김영환 사장님, 고맙습니다. 감사합니다.

단기 4353(2020)년 4월 29일
한가락모임 회장 경 우 수

● 중관(中觀) 최권흥(崔權興) 선생님
06677
서울특별시 서초구 방배천로 62.
204호 동천서숙 (02) 702-2553

▲ 한가락 스물아홉 돌 잔치(4352.4.28)

● 욕천(浴川) 최장호(崔章鎬)
1963년 전남 곡성 생
건강보험심사평가원
(010-8001-6150)

● 노산당(魯山堂) 전향아(全香阿)
강원도 평창 생
한가락 총무(010-5177-8557)

● 갑고(甲皐) 홍영표(洪永杓)
1930년 경기 강화 생
경제학 박사(010-4949-3416)

● 안일당(安一堂) 이원희(李元熙)
1949년 경기 안양 생
동천서숙 총무(010-2299-4380)

● 설전(雪荃) 임준신(任準臣)
1939년 서울 생
설전화실 원장(010-3722-1888)

● 우인(又仁) 경우수(慶佑秀)
1948년 서울 생
자영업 (010-5225-6135)

● 가산(佳山) 임봉훈(任奉壎)
1931년 경북 상주 생
한글+漢字文化 顧問(011-854-6322)

● 오남(梧南) 이종관(李鍾寬)
충북 청주 생
(010-3012-7288)

● 서천(抒洊) 조경휘(趙京彙)
1952년 서울생
삼락서실 (010-9101-4990)

벼 리

한가락 삼십년이여

348. 덕봉서원(德峯書院)에서

아버진 아들과는
그래 참 좋았구나

이런 말 들리면서
살아들 가야한다

예 와서 배워가야 할
가르침의 하나다

최중관

▲ 덕봉서원

▲ 덕봉사우 앞에서

▲ 양곡공묘

▲ 양곡공 공부를 하며

348. 德峯書院(덕봉서원)

德峯書院在京畿道安城市陽城面德峯里海州吳公追慕
덕 봉 서 원 재 경 기 도 안 성 시 양 성 면 덕 봉 리 해 주 오 공 추 모

處也公諱斗寅字元徵號陽谷高祖諱壽億贈兵曹判書曾
처 야 공 휘 두 인 자 원 징 호 양 곡 고 조 휘 수 억 증 병 조 판 서 증

祖諱定邦慶尙右道兵馬節度使祖諱士謙贈左贊成考諱
조 휘 정 방 경 상 우 도 병 마 절 도 사 조 휘 사 겸 증 좌 찬 성 고 휘

䎘慶尙道觀察使妣固城李氏參判成吉女以朝鮮仁祖二
숙 경 상 도 관 찰 사 비 고 성 이 씨 참 판 성 길 녀 이 조 선 인 조 이

年甲子九月三十日生公生父諱翔也自幼沈靜簡重不事
년 갑 자 구 월 삼 십 일 생 공 생 부 휘 상 야 자 유 침 정 간 중 불 사

矯飾文科歷華職至正憲大夫刑曹判書兼五衛都摠府都
교 식 문 과 역 화 직 지 정 헌 대 부 형 조 판 서 겸 오 위 도 총 부 도

摠管肅廟朝己巳換局仁顯王后遜位問題以抗章直諫義
총 관 숙 묘 조 기 사 환 국 인 현 왕 후 손 위 문 제 이 항 장 직 간 의

州流配中以杖毒殌也己巳五月七日享年六十六贈領議
주 유 배 중 이 장 독 졸 야 기 사 오 월 칠 일 향 년 육 십 육 증 영 의

政諡忠貞配驪興閔氏判書聖徽女後配原州金氏學生崇
정 시 충 정 배 여 흥 민 씨 판 서 성 휘 녀 후 배 원 주 김 씨 학 생 숭

文女三配尙州黃氏府使埏女也書院京畿道文化財第八
문 녀 삼 배 상 주 황 씨 부 사 연 녀 야 서 원 경 기 도 문 화 재 제 팔

號陽谷公神道碑安城市鄕土遺跡二十三號養父天坡公
호 양 곡 공 신 도 비 안 성 시 향 토 유 적 이 십 삼 호 양 부 천 파 공

十五歲曰再掌湖南萬甲兵無邊草木識威名英雄事業須
십 오 세 왈 재 장 호 남 만 갑 병 무 변 초 목 식 위 명 영 웅 사 업 수

今日肯顧兒孫惜別情嗚呼父子有親兮父子兪然哉讚曰
금 일 긍 고 아 손 석 별 정 오 호 부 자 유 친 혜 부 자 유 연 재 찬 왈

穀雨春風南渡江　德峯書院輒停跫
곡 우 춘 풍 남 도 강　덕 봉 서 원 첩 정 공

瓦家楣號里名合　旌閣表言新筆厖
와 가 미 호 이 명 합　정 각 표 언 신 필 방

肅廟妃嬪呼換局　疏頭極諫銳無雙
숙 묘 비 빈 호 환 국　소 두 극 간 예 무 쌍

遠流中道不歸客　節義貞忠長久峴
원 류 중 도 불 귀 객　절 의 정 충 장 구 앙

348. 덕봉서원(德峯書院)

덕봉서원은 경기도 안성시 양성면 덕봉리에 있다.

해주 오공을 추모하는 곳이다.

공의 휘는 두인, 자는 원징, 호는 양곡이다.

고조의 휘는 수억이요. 병조판서를 증직 받았다.

증조의 휘는 정방, 경상우도병마절도사이다.

조의 휘는 사겸, 좌찬성을 증직 받았다. 고의 휘는 숙, 경상도관찰사였다.

어머니는 고성 이씨로 참판 성길의 딸이다.

조선 인조 2년 갑자 9월 30일에 공을 낳았다.

공의 생부 휘는 상이다.

공은 어려서부터 조용하고 과묵하며 일을 거짓으로 꾸며하지 않았다.

문과하여 여러 좋은 직책을 지냈다. 정헌대부와 형조판서 겸 오위도총부 도총관에 이르러 숙종조 기사년 인현왕후를 바꾸려는 조짐이 보여 손위의 문제를 적극 직간으로 말리다 의주로 유배 길에 심한 고문의 장독으로 돌아가니, 기사년 5월 7일이니 향년 66세였다.

영의정을 증직 받았다.

시호는 충정이다. 부인은 여흥 민씨로 판서 성휘의 딸이다. 두 번째는 원주 김씨 학생 숭문의 딸이다. 세 번째 부인은 상주 황씨 부사 연의 딸이다.

서원은 경기도문화재 제 8호이다. 양곡공의 신도비는 안성시 향토유적 23호로 지정되었다.

양부 천파공을 15세에 말하기를,

두 번 맡은 호남 만갑의 병사요
변두리가 없는 초목, 위엄 있는 이름임을 알고 있도다.
금일에 영웅사업은 시작인데
돌아 보건데 아손은 석별의 정이로다.
오호라 아버지와 아들의 친함이여 부자의 유연함이로다.

기려 노래하노니,

곡우절 봄바람은 남으로 건너가는데
덕봉서원 앞에 문득 발걸음을 멈추었네.
기와집 처마 이름 마을 이름과 합해졌고
정각의 기리는 말은 새 글씨로 크게 써있네.
숙종조의 비빈을 바꾸려 하는데

옳은 말로 상소를 올려 극구 반대했었네.
멀리 유배길 도중에 돌아가니
의로운 충절로 오래도록 높이리로다. 전

지난 날 맞바람에
나뒹군 가마솥아

또 다른 회오리에
무너진 더불어 삶

힘내어 말 바른 소리
갈 길 없는 목숨들

욕천 최장호

18 한가락 삼십년이여

손발이 척척 맞아
아들과 아비 맞다

임금께 올리는 글
마지막 길이라도

우러러 부끄럼 없는
사나이 꽃 피었네

노산당 전향아

새벽별 고을 밝혀
누리를 깨우치네

아버지 아들 친해
세상에 보여주니

예 와서 익혀가야 할
가장 큰 것 이거다

갑고 홍영표

꽃내음 배움터에
봄바람 살풋하다

옳은 길 아닌 길은
마다지 않은 선비

아까운 젊은 나이가
애뜻하다 어진 이

안일당 이원희

아버지 말씀이면
무조건 달려간다

나랏님 읽으시라
곧은 말 올려놓고

마지막 길이라 해도
꺼림 없이 흐뭇해

설전 임준신

곧은 뜻 어이하랴
속 펴서 아뢰다가

매 맞고 귀양 가다
길에서 마쳤으나

오늘은 한가락이 와
그 뜻 기려 새긴다

우인 경우수

백경(百景)이 함께 하니
안성(安城)엔 서원 있네

가풍(家風)이 효성(孝誠)이라
군신(君臣)도 하나라네

지팡이 장단 맞추며
노래하는 햇빛 골

가산 임봉훈

아들과 아버지에
봄바람 살갑도다

아닌 걸 마다하니
참 선비 아니신가

먼먼 길 오지 못하니
안타까운 어진 이

오남 이종관

올곧은 글 올리고
버티다 저 하늘로

바른 일 무엇인지
한 목숨 다하였네

임께서 뉘우친 뒷날
글 배움 집 보냈네

서천 조경휘

德峯書院

安逸堂 李元熙

孟夏爽風快渡江 德峯書院馬停跫

瓦家檐末白雲美 檻下庭中香木厖

嬪迎逆倫妃黜事 王淫極諫勇無雙

配流行道不歸殉 陽谷節忠長久

초여름 시원한 강바람이 상쾌하게 부는데

덕봉서원에 한 수레 멈추었도다.

기와집 처마 끝에는 흰 구름 흘러가고

난간아래 뜰에는 향나무가 크도다.

희빈을 맞으려는 역륜으로 왕후를 내쫓는 일이요

왕의 음탕함을 극간하는 용기가 쌍이 없도다.

귀양 가는 중에 돌아오지 못하고 돌아가니

양곡의 절충은 오래도록 높을 것이로다.

德峯公墓

佳山 任奉壎

春信安城百景江 德峰書院筆耕跫
讀經里巷純儒化 仍襲家風孝道厖
父子君臣之節一 杖朝長老享無雙[1]
雲鄉戀史吟歌裡 陽谷昭名統嶺峣

꽃피고 새가 우는 안성에서 百景과 함께 하는데
德峰서원에는 붓과 밭가는 발자국 소리가 울린다.
經書를 읽는 마을과 거리에서 純儒로 純化하니
그대로 따름의 家風은 孝道와 孝誠이 크고 크도다.
夫子와 君臣間의 절조와 절효는 하나다 하였으니
장조(周代 故事) 및 長老(尊稱語)를 無雙하게 누리네.
白雲鄉의 戀歌와 史蹟을 吟詠하고 노래하는 속에
陽谷의 드러난 名聲은 가파른 天嶺을 거느리네.

---

1) 杖朝: 주대에 80세가 되면 朝廷에서 지팡이를 짚는 것을 허락한 일. 轉하여, 80세를 일컬음.

德峯書院

梧南 李鍾寬

四月南風爽渡江 德峯書院輒停跫
檐端遠岫讚忠艶 檻外長流彰節厖
世亂政難妃黜際 逆倫極諫勇無雙
配流杖毒中途殉 陽谷英名萬世峣[1]

사월 남풍 상쾌하게 강을 건너오니
덕봉서원에 갑자기 말을 멈추었구나.
처마 끝 먼 산은 공의 아름다운 충성을 찬송하고
난간 밖 장강은 공의 큰 절의를 찬양하는도다.
세상이 어지럽고 정치가 혼란하여 인현왕후를 내치려할 때
인륜을 어겼다며 용감무쌍한 간언을 상소하였도다.
유배도중 장독으로 돌아가니
양곡선생의 아름다운 이름은 만세토록 높으리로다.

---

1) 妃黜: 인현왕후를 내치고 장희빈을 들여세우는 숙종의 처사를 이른다.

德峯書院

抒淯 趙京彙

立夏和陽遠渡江 安城書院多欣跫
灰莖古木到天衝 黑瓦祠堂依地庬
端直中庸平素一 殺身成義體心雙
噬臍御命德峰立 吳閥揚名永久峣

때는 입하 화창한 날에 강을 건너 멀리
안동의 한 서원을 가니 많은 발자국 소리.
고목은 회색 빛 하늘을 찌르고
사당은 흑색 기와 땅에 의지함이 크다.
올 돋고 치우침 없음은 평소 한결 같고
살신하여 의를 이루니 몸과 마음이 짝을 이루는구나.
후회한 임금 어명으로 덕봉서원 이루니
오씨 문벌 이름 날림이 영원히 높다.

---

1) 莖: 줄기 경.
2) 噬臍: 후회(씹을 서, 배꼽 제).

덕봉서원(德峯書院)에서

세온마흔여덟 번째 한가락 모임
때 : 4352(2019)년 5월 04일, 토요일, 맑음
곳 : 덕봉서원 - 경기도 안성시 양성면 덕봉리

4월 한가락 29집 출판기념회를 마치고 이루어진 첫 모임이다.

여러 가지 여건이 이루어지지 않아서 5월 4일이지만 4월달 모임을 진행하게 되었다.

30여 년간 한 번도 이런 일이 없었는데 이변이 일어난 것이다.

아직 출판기념회의 흥분이 가라앉지 않은 설레임이 남아있다.

사당동 동천서숙에서 10시에 모여서 우인과 서천이 운전하는 2대의 승용차로 나눠 타고 덕봉서원으로 향하였다.

맑은 날씨의 축복 속에 집안에 있기가 답답들 하셨는지 서울서부터 수많은 차량으로 도로가 꽉 찼다.

덕봉서원에서 문중 분들과 11시에 만나기로 정하였는데, 더디게 도착하니 많이 늦은 시간이 되었다.

문 앞에서 기다리는 문중 분께서는 웃으시며, 우리나라 교통수단의 예측불허를 이해하시면서 반갑게 맞이해 주시며 오늘 안내를 맡았다고 하셨다.

잘 정돈된 바로 옆에 있는 산소에 올라 참배를 올리고 늦은 점심을 먼저 먹고 자료공부를 하기로 하였다.

문중 어른들은 점심을 드셨다고 하셔서 우리 회원들만, 안내해주신 식당에서 육회비빔밥으로 점심을 먹었다. 맛있는 점심이었는데 늦게 도착한 미안한 마음에 서둘러 먹고 덕봉서원으로 향하였다.

덕봉서원은 넓고 큰 자리에 지어져 관리를 잘하고 계셨다.

동편과 서편으로 짝을 이룬, 궁합이 잘 맞도록 연결 지어진 명당자리에 잘 지어져있고 후손들도 자랑으로 알아 관리를 잘하고 계셨다.

청소년 수련회 자리로 교육을 하는 자리로 이용하기도 하는데, 많은 인원도 수용할 수 있도록 편의 시설이 다 갖추어져 있었다.

오늘 이 자리에 많은 문중 분들이 참석해주셨는데, 오환일 전회장, 오세만 고문, 오신환 전의장, 오세완 의장, 오세기 백천당총무, 오세익 부의장, 오세정 총무 등 더 많은 사람들이 참석하셔서 함께해 주셨다.

노산당 전향아 씀.

349. 신곡공묘(薪谷公墓)에서

서른넷 한창 나이
나라도 걱정인데

오늘은 세 번째로
기러기 보내는 날

갑자기 서울 소식에
올라가선 그만야

최중관

▲ 신곡공묘

▲ 신곡공묘 앞에서

▲ 신곡공 묘비

▲ 신곡공 공부를 하며

349. 薪谷公墓(신곡공묘)

薪谷公墓在京畿道金浦市高村邑薪谷里公諱棨字信伯
신 곡 공 묘 재 경 기 도 김 포 시 고 촌 읍 신 곡 리 공 휘 계 자 신 백

號薪谷又林湖南原尹氏高祖諱澄見時事杜門不擧曾祖
호 신 곡 우 임 호 남 원 윤 씨 고 조 휘 징 견 시 사 두 문 불 거 증 조

諱又新知中樞府使贈左贊成謚貞憲祖諱暹校理以壬亂
휘 우 신 지 중 추 부 사 증 좌 찬 성 시 정 헌 조 휘 섬 교 리 이 임 란

巡邊使殉節贈領議政謚文烈考諱衡甲瑞興縣監贈吏曹
순 변 사 순 절 증 영 의 정 시 문 열 고 휘 형 갑 서 흥 현 감 증 이 조

判書謚文康妣昌原黃氏監司致敬女以宣祖三十六年癸
판 서 시 문 강 비 창 원 황 씨 감 사 치 경 녀 이 선 조 삼 십 육 년 계

卯八月十七日生公自幼有奇度不類凡兒少孤與弟集柔
묘 팔 월 십 칠 일 생 공 자 유 유 기 도 불 류 범 아 소 고 여 제 집 유

依外氏自勵爲學工書善屬文業成又能敎其弟身兼師友
의 외 씨 자 여 위 학 공 서 선 속 문 업 성 우 능 교 기 제 신 겸 사 우

丁卯胡亂上幸江都公上疏論和議之非是年文科歷諸華
정 묘 호 란 상 행 강 도 공 상 소 론 화 의 지 비 시 년 문 과 역 제 화

職仁祖十四年丙子出爲南陽府使至冬后配喪闋以不勝
직 인 조 십 사 년 병 자 출 위 남 양 부 사 지 동 후 배 상 결 이 불 승

勸當三娶之日猝聞胡亂警不待朝馳南漢山城十二月二
권 당 삼 취 지 일 졸 문 호 란 경 불 대 조 치 남 한 산 성 십 이 월 이

十八日被執殉節享年三十四也贈吏曹判書謚忠簡配東
십 팔 일 피 집 순 절 향 년 삼 십 사 야 증 이 조 판 서 시 충 간 배 동

萊鄭氏府使世美女次配密陽朴氏正郎鼎元女三配金氏
래 정 씨 부 사 세 미 녀 차 배 밀 양 박 씨 정 랑 정 원 녀 삼 배 김 씨

縣監德民女嗚呼委禽日之忠國兮忠之忠中最高哉讚曰
현 감 덕 민 녀 오 호 위 금 일 지 충 국 혜 충 지 충 중 최 고 재 찬 왈

孟夏薰風誘四支　金陵當到一墳奇
맹 하 훈 풍 유 사 지　금 능 당 도 일 분 기

三封橫列陽光好　五石正顔誠敬离
삼 봉 횡 열 양 광 호　오 석 정 안 성 경 리

太學生徒和論斥　委禽禮日爲忠馳
태 학 생 도 화 론 척　위 금 예 일 위 충 치

名門代代恩魂號　必也雲仍享大禧
명 문 대 대 은 혼 호　필 야 운 잉 향 대 희

349. 신곡공묘(薪谷公墓)

신곡공묘는 경기도 김포시 고촌읍 신곡리에 있다.

공의 휘는 계, 자는 신백, 호는 신곡이며, 또 임호이다. 남원윤씨이다. 고조의 휘는 징이다. 때의 일을 보고 문을 닫아걸고 나가지 않았다.

증조의 휘는 우신이요, 지중추부사였고, 좌찬성을 증직 받았다. 시호는 정헌이다.

조의 휘 섬이요, 교리로서 임란에 순변사로 순절하였다. 영의정을 증직 받았다. 시호는 문열이다.

고의 휘는 형갑이요 서흥현감이었다. 이조판서를 증직 받았다. 시호는 문강이다.

어머니는 창원 황씨이다. 감사 치경의 딸이다.

선조 36년 계묘 8월 17일에 공을 낳았다.

공은 어려서부터 남다르게 헤아림이 있었고 또래들과는 달랐다.

어려서 아버님을 잃고 아우들과 더불어 외가에 의지하며 살았다.

스스로 배움에 힘써 독서하기를 좋아하였고 문장력이 뛰어났다. 또 능히 아우들을 가르쳐 사우가 되었다. 정유호란을 당하여 왕이 강화도로 피신하자, 공이 상소를 올리며 화친하지 말고 싸워서 이기자고 했다.

그해에 문과하여 좋은 직책을 두루 지냈다.

인조 14년 병자에 남양부사로 나갔다.

두 번째 부인이 겨울에 돌아갔다. 권장함을 이기지 못하여 세 번째 장가를 가는 날에 갑자기 호란이 났다는 소리를 듣고, 놀라서 아침을 기다리지 않고 남한산성으로 달려갔다.

12월 28일에 잡혀서 순절하였다. 향년 34세였다.

이조판서에 증직되었다. 시호는 충간이다.

부인은 동래정씨 부사 세미의 딸이다.

두 번째 부인은 밀양박씨 정랑 정원의 딸이다.

세 번째 부인은 김씨 현감 덕민의 딸이다.

오호라 새를 맡기는 날에 나라에 충성함이여, 충성 중에 가장 높은 충성이로다. 기려 노래하노니,

맹하의 따뜻한 바람 사방에서 유혹하는데
금릉에 당도하니 한 무덤이 기이하도다.
세 봉우리 누런 잔디 양지 볕을 좋아하고
오석의 바른 얼굴 성실하고 공경으로 밝도다.
태학 생도로서 화친를 물리쳤고
예를 하는 날에 적의 침입 소식을 듣고 충성으로 달려갔네.
명문 대대로 은혜로운 혼이라 부르니
반드시 후손들은 대대로 큰 복을 누리리로다. 전

나라의 사내라도
오늘은 달라야지

세 번째 가시버시
믿는 건 임뿐인데

서러워 어이할거냐
흔들리는 촛불 꽃

노산당 전향아

기러기 보내면서
초혼례 치러놓고

갑자기 호란 소식
아침을 못 기다려

말 달려 서울 가신 이
아직 아니 오시네

갑고 홍영표

오로지 배움에만
한눈팔 겨를 없다

나랏일 먼저라서
달려간 마지막 길

안쓰런 눕자리 곁에
할미꽃이 곱도다

안일당 이원희

세 번째 기러기가
품에서 떨고 있다

수줍은 연지 곤지
얼굴도 못 봤는데

나라의 부름을 받고
돌아오지 않았네

설전 임준신

세 번째 첫날밤에
날아든 걱정거리

장정들 불러 모아
오랑캐 맞서다가

마친 해 나이 서른넷
너무너무 아까워

우인 경우수

장미꽃 부리 둥지
떠나간 윤(尹) 기러기

달려간 호란 전장(胡亂戰場)
그 핏줄 어디 가랴

나달에 지친 벌 나비
순국 함장(殉國艦長) 생각나

가산 임봉훈

외로이 바르게 커
배움에 힘쓰더니

서른넷 모질도다
나랏일 먼저라서

세 무덤 볕바른 곳에
다소곳이 자리해

오남 이종관

나라를 위한 마음
앞장서 몸소 하니

왜놈에 할아버지
손자는 되놈에게

창칼에 굽힐 수 있나
으뜸일세 올곧음

서천 조경휘

薪谷公墓

安逸堂 李元熙

初夏金陵新綠支 高村停駐一墳奇
三封左右陽光灼 雙石後前草色离
太學生徒和論斥 婚姻當日爲君馳
惜乎而立才人去 薪谷英名萬代禧

초여름 김포는 신록으로 아름다운데
고촌에 이르르니 한 묘가 기이하도다.
세 봉우리 좌우로 햇빛이 밝은데
쌍 석의 앞뒤로 풀색이 빛나도다.
태학 생도로 화론을 배척하였고
혼인 당일에 임금을 위하여 달렸도다.
아깝도다! 삼십에 재주 있는 젊은이가 갔으니
신곡공의 꽃다운 이름 만대에 누리리로다.

薪谷公墓

佳山 任奉壎

苾苾薔薇孟月支 金陵紫氣一墳奇
故家世族忠誠列 薪谷來龍孝祀离
永夏餘香先輩執 命艦建造後身馳
筆耕傑唱東天聶 震史名聲萬歲禧

장미꽃 부리 香氣나는 가운데 초여름 支撐하고
자주 빛 瑞氣의 '金陵골'은 한 무덤이 奇麗하다.
여러 代를 두고 顯達한 門閥은 忠誠 班列이었고
薪谷 來龍에서 孝祀는 '山神의 뜻' 나타냄이다.
'殉國艦長 尹永夏'의 餘香은 先輩先德의 지킴이고
命名한 '윤영하 艦' 建造하니 後身이 달리고 있네.
노래하는 豪傑 筆耕에 東天에서 아침 해가 솟고
震域史의 名聲은 만세토록 告하고 新禧하리다.

薪谷公墓

梧南 李鍾寬

季節女王初夏支 薰風爽渡古墳奇
桂陽嶺籟頌忠赫 洌水江琴揚義离
太學生徒和論斥 婚姻禮日爲君馳
千斤一命毫毛擲 壯也雲仍萬世禧

계절의 여왕은 첫여름을 지탱으로 삼는데
훈풍이 상쾌히 불어오는 옛 묘가 기이하구나.
계양산 영뢰는 공의 빛나는 충성을 찬송하고
한강수 강바람은 공의 밝은 절의를 찬양하는도다.
태학 생도로서 화론을 배척하였고
혼인 당일에 임군을 위하여 달려갔도다.
천근 내 목숨을 호모처럼 던지니
장하구나 공의 후손이 만세토록 큰 복을 누리리로다.

---

1) 桂陽 : 계양산 주위.
2) 洌水 : 한강 물. 洌은 한강의 이칭.

薪谷公墓

抒溽 趙京彙

山漸綠陰花發支 高村探訪一墳奇
列封賢域矜持奮 陳旨雄亭服德离
大父壬辰當寇殄 小孫丙子罵胡馳
門盛義節延延襲 尹閥亨通不滅禧

산이 점점 푸르고 꽃이 피기 시작할 즈음
고촌을 탐방하니 한 무덤이 기이하네.
여러 봉우리는 현인들 자랑 드날리고
교지를 진열한 웅장한 정자는 덕 입음을 밝히네.
할아버지는 임진왜란에 목숨을 다하고
손자는 병자호란에 꾸짖으며 치달아
가문에 의절이 끊임없이 이어오니
윤씨 문중에 형통은 복 받음이 없어지지 않으리.

---

1) 旨 : 교지(敎旨).

신곡공묘(薪谷公墓)에서

세온마흔아홉 번째 한가락 모임
때 : 4352(2019)년 5월 18일, 토요일, 맑음
곳 : 신곡공묘 - 경기도 김포시 고촌읍 신곡리

오늘은 한가락 모임 삼백마흔아홉 번째 경기도 김포시 고촌읍 신곡리에 있는 윤신곡(尹薪谷)공(公)의 유적(遺跡)을 찾아가는 날이다. 단체로 움직일 때에는 시간 때문에 항상 마음이 분주하다. 또 갑고 선생님하고 같이 가야 하니 조금 더 서둘러야 한다. 그래서 오늘은 아침 운동도 반으로 줄였다. 격세지감(隔世之感), 격세지감(隔世之感) 하지만 참 요즈음 같이 정신없이 빨리 변하는 세상(世上)은 우리는 일찍이 경험(經驗)해 보지 못한 세상이다. 버스가 대중교통의 대세(大勢)이었을 때에는 우리는 항상 만원(滿員) 사태(事態)에 시달렸고, 나이 어린 소녀들의 힘들고 고달픈 모습을 보았었다. 그러나 지금 주거 시설이 나아지고 교통 환경이 나아졌고, 소득수준(所得水準)도 높아졌다는데, 우리의 마음이 그만큼 나아졌다는 생각에는 선뜻 동의(同意)하기가 쉽지 않은 것 같다.

신설된 9호선 전철(電鐵)은 작년 말 개통(開通) 되었는데 강동(江東)에서 김포(金浦)까지 거의 한 시간이면 닿을 수 있게 되었으니, 외국 나들이 하는 사람들이 많은 지금, 김포나 서울 서쪽으로 가는 사람들은 매우 편리(便利)하게 되었다. 갑고 선생님과 함께 가기 위해 석촌역(石村驛)에서 8시 반에 만나기로 했다가 조금 시간을 늦췄다. 내가 석촌역에 이르기 전에 갑고(甲皐) 선생님으로부터 전화(電話)가 왔는데, 벌써 약속(約束) 장소에 나와 계셨다. 내가 석촌역에 이르렀을 때에는 9시가 거의 다 되었다. 완행열차(緩行列車)가 두어 대 지나가고 급행열차(急行列車)가 다가왔다. 아흔이 되신

갑고(甲皐) 선생님은 많이 힘들어 하시지만 그러나 지금도 그렇게 왕성하게 활동 하시는 것은 참 대단하신 일이다. 우리의 약속장소인 5호선 송정역(松亭驛)은 9호선 김포역에서 한 정거장 뒤로 와야 했다. 김포역에서 5호선으로 갈아타고 뒤로 가다가 노산당으로부터 어디쯤이냐고? 전화가 걸려왔다. 곧 도착할 거라고 전하고 이어 얼마 후 바로 송정역에 닿았다. 송정역 1번 출구로 올라가니, 가산, 서정원 님이 이미 도착해있고 우리가 올라가자 곧이어 선생님이 오시고 차를 몰고 오는 서천이 중간에 차가 밀려 조금 늦는단다.

조금 이따 서천이 차를 몰고 오고 곧 바로 영사정(永思亭)을 향해 출발했다. 우리도 노산당과 서정원님과 함께 택시를 잡아타고 뒤를 쫓았다, 미리 문중에 연락도 했다. 송정역에서 영사정(永思亭)은 그리 멀지 않았다. 11시가 조금 넘어 우리는 영사정(永思亭)에 닿았다. 영사정(永思亭) 주차장에는 문중 윤양섭 회장님을 비롯하여, 명호 부회장님, 정호 고문님, 종호 이사님, 인호 총무님이 나와서 우리를 맞이해 주셨다. 우리는 간단히 인사와 소개를 하고 묘소를 먼저 참배(參拜)하기로 했다. 이곳 영사정 남원윤씨(南原尹氏) 문중(門中) 묘역(墓域)은 충간공(忠簡公)의 선조(先祖)이신 윤은(尹訔)공(公)의 묘소(墓所)를 잡으면서 조성되기 시작하여 지금은 종중에서 관리하고 있다고 한다. 공의 묘소는 도로에서 그리 멀지않은 곳에 양지(陽地) 바른 곳으로 선대 묘소 아래 첫 부인 동래정씨(東來鄭氏)와 둘째 부인 밀양박씨(密陽朴氏)의 묘소(墓所)가 좌우(左右)에 있고, 묘소 앞에는 혼유석(魂遊石), 향로석(香爐石), 좌우에 촛대석이 세워져 있으며, 파란 잔디가 곱게 잘 다듬어져 있다. 우리는 문중 회장님의 간단한 해설을 듣고 공에 대한 예(禮)를 배(拜)로 올리고, 문중 분들과 함께 기념사진을 찍고 하산하여, 영사전(永思殿) 재실(齋室)로 옮겨 문중에서 준비하신 영상물을 관람하였다. 이어서 우리 한가락에 대한 소개를 간단히 하고 문중 회장님께서는 오늘 참여하신 분들을 한 분 한 분 소개하여 주셨다. 그리고 2층에 전시실이 있는데 공에 대한 공부를 먼저 하고 관람하기로 하였다.

공(公)의 휘(諱)는 계(棨), 호(號)는 신곡(薪谷)·임호(林湖)로, 의정공(議政公)휘(諱) 징(澄)의 후손으로 윗대는 파평(坡平)이며, 8세 휘(諱) 위(威)공(公)이 남원백(南原伯)으로 작위(爵位)를 받아 그 후로 남원(南原)을 관향(貫鄕)을 삼고 있단다. 신곡공은 서흥현감을 지내고 이조판서에 증직(贈職)되고 시호(諡號)가 문강(文康)인 부(父) 형갑(衡甲)공(公)과, 감사(監司)를 지낸 창원(昌原) 황치경(黃致敬)의 따님 사이의 맏이로, 선조(宣祖) 36년 계묘(癸卯)년 8월에 태어났으며, 어려서부터 헤아림이 기이(奇異)하고 보통 아이들과 달랐으며, 어려서 어버이를 여의어 아우 집(集)과 유(柔)와 함께 외가(外家)에 의탁(依託)하여 살았으며, 스스로 힘써 배우고 글씨와 문장을 잘 써 문업을 이루었고, 능히 아우들의 사우(師友)가 되었다. 정묘호란(丁卯胡亂)에 오랑캐와 화의(和議)를 논(論)함은 옳지 않다고 상소(上疏)하고, 이 해에 급제(及第)하여 여러 직책(職責)을 거치고 인조(仁祖)34년 병자(丙子)년에 남양부사(南陽府使)로 나아갔다가, 겨울이 되어 둘째 부인의 상(喪)을 마치고 주변(周邊)의 권고(勸告)를 물리치지 못하고, 세 번 째 부인(婦人)을 맞이하는 날에 갑자기 호란(胡亂)소식을 듣고, 충청도(忠淸道) 관찰사(觀察使) 정세규(鄭世規)가 이끄는 근왕병(近王兵)이 용인(龍仁)에서 패(敗)했다는 소식에 흩어진 병사를 모으던 중, 누루하치의 아들들 권력다툼에서 밀려나 우리나라에 귀화(歸化)해 있던 장남 귀영개가 자기네 나라로 돌아갈 것을 결심(決心)하고 있었는데, 이때 박이치란 자가 밀고하여 전구(戰具)를 갖추기도 전에 부중(府中)에서 급습(急襲)을 당하여 적에게 잡히게 되었으나, 무릎 꿇고 항복을 강요(强要)하는 중에도 오히려 눈을 부릅뜨고 오랑캐에게 무릎을 꿇을 수 없다고 큰 소리로 항변(抗辯)하다, 모진 창과 칼에 해(害)를 입어 끝내 순절(殉節)하였다고 한다. 남양부(南陽府)의 아전 3명 및 관노와 가복 각 1명이 따라 죽었으며, 맨 처음에는 거적에 싸서 해도(海島)에 장사(葬事)지냈다고 하는데 나중에 난이 끝나자 아우 유(柔)가 비로소 예(禮)를 갖추어 이곳에 장사(葬事)지냈다고 한다. 그러고 보면 우리 한가락이 윤문을 여러 번 방문하였다. 태사공 윤신달 장군을 모시는 경북 포항 봉강재, 여진족을 물리친 윤관 장군을 모시는 파주 분수재, 남원백 작위를 받은

윤위공을 모시는 전남 구례 용강재, 여말 절신 충간공을 모시는 충남 당진의 윤황공의 묘소 등을 찾았었다. 선생님은 항상 자료 끝에 주인공의 행적(行蹟)을 예찬(禮讚)하는 칠언율시(七言律詩)와 우리말 시조(時調)를 붙여 찬양(讚揚)하시는데, 오늘도 공에 대한 찬시(讚詩)와 우리말 시조(時調)의 해석(解釋)과 우리나라 정가(正歌)의 명창(名唱)이신 갑고(甲皐) 선생님의 선창(先唱)과 우리 회원들이 함께 따라 부르는 노래로 공부는 끝났다.

이어 2층 전시실로 올라가 문중에서 소중히 보관해온 선조(先祖)들의 서문(書文)과 교지(敎旨), 시장(諡狀). 그리고 영정(影幀)들이 모셔져 있는 전시실을 둘러보았다. 한쪽에는 충효봉사(忠孝奉仕)라는 글이 종훈(宗訓)처럼 걸려 있고, 그 옆에 2002년도 연평해전에서 전사한 윤영하 소령의 영정사진이 걸려 있었는데, 정묘호란(丁卯胡亂) 때 충간공(忠簡公)의 행적(行蹟)과 너무 닮은 경우처럼 보였다. 우리는 전시실을 돌아보고 문중(門中)의 안내를 받아 이 고장 명문 지호 한방삼계탕 집으로 안내받아 이집의 대표음식인 지호 한방삼계탕으로 맛있는 점심을 대접 받았다. 우리는 공부할 자료를 제공해 주시고 점심까지 이렇게 내주셔서 매우 고맙다는 인사를 박수를 치며 화답을 했다. 그리고 우리는 문중에서 승합차로 전철 김포역까지 대려다 주어 오늘 탐방(探訪) 행사를 마치고 각자 헤어져 집으로 돌아가 오늘의 행사를 마쳤다.

우인 경우수 씀.

신곡공묘(薪谷公墓)에서

세온마흔아홉 번째 한가락 모임
때 : 4352(2019)년 5월 18일, 토요일, 맑음
곳 : 신곡공묘 - 경기도 김포시 고촌읍 신곡리

날이 밝아온다. 길을 나선다. 역사탐방 三十年次의 두 달째이다. 세월이 흐르는 만큼 自由路 차량 행렬도 버금한다. 幸州山城을 휘감은 아침안개, 노을은 한 폭의 회화(繪畫)를 연출한다. 아름답다. 아리수를 가로지른 수많은 대교(大橋)는 경제대국임을 자랑한다. 세계 10位圈 經濟大國이다. 오늘도 奇蹟의 漢江을 건너간다. 춤추는 물새들은 하늘높이 頏頡한다. 金陵골에서 둥지 튼 남원윤벌(南原尹閥)의 신곡공(薪谷公) 史蹟을 찾아간다.

'지지배배. 지지배배!' 江南 갔던 제비가 돌아오련만? 보이지 않네. 신개발 高層建物이 싫어서? 三萬弗 시대적 변혁(變革)에 어디로 갔을까. 俗說에 數萬里를 날아온 제비 夫婦는 草家三間 옛집을 찾아온다고 하였다. 정든 집 처마 끝이다. 벽에 집을 짓는다. 보금자리를 알뜰살뜰 수리한다. 主人집에서도 반겨준다. 귀여우니까. 푸른 하늘 넓은 廣野에서 주름잡고 살다가 떠나는 작은 철새다. 하얀 배털에 윤이 나는 청흑색 몸매를 자랑한다. 쌍쌍(雙雙) 부부의 연소(燕巢)가 아니던가!

무릉도원(武陵桃源)은 아니더라도 풍신월석(風晨月夕)의 아름다운 高村골에서 檀國史의 미래와 시국을 되새겨본다. 변화하는 自然生態界의 신곡리(薪谷里)이다. 순국순절(殉國殉節)과 고가세족(故家世族)史가 흥미롭고 기다려지는 墳史에 얽힌 이야기를 살펴본다.

檀紀 4352年(2019) 5월 18일이다. 장미(薔薇)꽃 향기 피우는 맹하(孟夏)이다. 가시 薔薇도 꽃부리에서 향기를 품어낸다. 華麗하고 아름답다. 회원들

의 열정은 한결같다. 中觀선생, 홍영표 교수, 서천회장, 會長 友仁, 서정원 회원 등 여러분이다. 한 폭의 기행문으로, 사록(史錄)으로, 시부(詩賦)를 노래하리다. 동서남북에서 모인 新井洞네거리이다. 薪谷里 현장을 찾아간다. 학술(역사)탐방 소식을 듣고 많은 門中 人事들이 참여하였고 중식을 비롯한 접대가 극진하다.

넓은 강의실이 준비되어 있었다. 문중 내력과 가승고(家乘考)에 대한 映像을 보여준다. 지도교수는 준비된 자료에 따라 현장학습 강의를 한다. 金浦市 高村邑 薪谷里에 墓가 있고, 名은 棨(창 계. 符節 계. 符信 계)字로서 특별한 의미를 느끼게 한다. 字는 '信伯'이요, 號는 '林湖, 또는 洞名 따라 作號하니 '薪谷'이라고 한다. 先代의 行蹟들을 살펴보면 남에게 누를 끼치지 않으려고 두문불거(杜門不擧)한다. 祖의 名은 섬(暹 : 나라이름 섬)字로 임진왜란(壬辰倭亂) 때 순절(殉節)한다.

薪谷公은 정묘호란(丁卯胡亂) 時에 '和議論'을 반대하고 '싸워서 나라를 지켜야한다'라고 상소를 하였다. 이어서 병자호란(丙子胡亂)이 이어진다. 소식을 듣고 놀라면서 화직(華職)을 뒤로하고 南漢山城으로 달려간다. 그러나 '三十四歲'로 피집순절(被執殉節)한다. 시호(諡號)는 충간공(忠簡公)이다. 나라가 위급할 때 목숨을 초개(草芥 : 지푸라기)처럼 버리는 애국심은 본받아야 한다. 재2 연평해전(延坪海戰)을 상기 하지 않을 수 없다.

'정장(艇長) 故 尹永夏 소령은 南原尹氏이다.' '참수리357호' 정장(艇長)으로 西海 北方한계선(NLL) 부근에서 초계임무 수행 중이었다. 북방한계선을 침범한 전함을 향하여, 교전규칙에 따라 퇴거 명령을 하자, 선제 기습공격을 하여왔다. 25분간 交戰 전투 끝에 북한 경비정 1척은 불길에 휩싸이면서 다른 1척과 함께 도주하였다. 2002년. 6. 29. 10:50분경 북상(北上) 종결된 서해海戰이었다. 大韓民國 守護를 위하여 순국(殉國)한 戰死요, 戰史이다.

故 尹永夏 소령(少領), 한상국 중사, 조천형 중사, 황도현 중사, 서후원 중사, 박동혁 병장 6명이 전사 순국(殉國)하였고 19명이 부상하였다. '제2연평(延坪)해전'이다. 북측피해는 전사13명 부상25명으로 최종 집계되었다. '25분간의 南北 海戰史'이다. ※ 檀紀 4340년(2007) 6월 28일 진수된 450톤

급 함정(艦艇)은 시속 40노트로, 승조원 40명 규모의 신형 '윤영하함(艦)'이다. 매년 6월 29일이면 추모행사를 한다고 한다. 선현들의 지혜(智惠)와 先烈들의 희생(犧牲)을 본받게 하는 기회(期會)였다. 가르침이었다.

'歲月은 流水와 같다'라는 말을 새삼스레 떠올려 본다. 탁한 물의 세월을 '白頭大幹 水源처럼' 맑게 흐르도록 할 수는 없을까? 단국여민(檀國黎民)은 간절히 고대하고 있다. 희망찬 미래를 위하여 堯鼓 舜木과 같은 선정을 바라본다. 아름다운 장미꽃부리처럼 향기로운 계절에 의미 있는 現場 踏査와 報恩의 시간을 갖게 하고 己亥年을 뒤돌아본 하루였다.

가산 임봉훈 씀.

350. 청심재(淸心齋)에서

열두 권 글을 써도
하늘은 보지 않고

마흔둘 젊은 나이에
서둘러 데려가니

못다 춘 춤사위에는
추임새만 흐르네

최중관

▲ 청심재

▲ 심판서공묘 앞에서

▲ 심판서공묘

▲ 심판서공 공부를 하며

350. 淸心齋(청심재)

淸心齋京畿道金浦市大串面藥巖里靑松沈公追慕處也

청 심 재 경 기 도 김 포 시 대 곶 면 약 암 리 청 송 심 공 추 모 처 야

公諱達源字子容高祖諱溫領議政曾祖諱澮靑松府院君

공 휘 달 원 자 자 용 고 조 휘 온 영 의 정 증 조 휘 회 청 송 부 원 군

祖諱湲內資寺判官考諱順門議政府舍人贈領議政妣平

조 휘 원 내 자 시 판 관 고 휘 순 문 의 정 부 사 인 증 영 의 정 비 평

山申氏司憲府監察永錫女以成宗二十五年甲寅二月生

산 신 씨 사 헌 부 감 찰 영 석 녀 이 성 종 이 십 오 년 갑 인 이 월 생

公早孤力學母夫人親誨聰明過人書一再過輒皆成誦至

공 조 고 역 학 모 부 인 친 회 총 명 과 인 서 일 재 과 첩 개 성 송 지

志學捷庭試及長師事慕齋二十四歲登文科歷諸職至掌

지 학 첩 정 시 급 장 사 사 모 재 이 십 사 세 등 문 과 역 제 직 지 장

樂院正其間派宗家諱泂下入養也中宗三十年乙未十一

악 원 정 기 간 파 종 가 휘 형 하 입 양 야 중 종 삼 십 년 을 미 십 일

月二十二日忽感病不起壽四十二也贈吏曹判書墓在金

월 이 십 이 일 홀 감 병 불 기 수 사 십 이 야 증 이 조 판 서 묘 재 김

浦市通津邑瓮井里藥山庚坐甲向配坡平尹氏吏曹參判

포 시 통 진 읍 옹 정 리 약 산 경 좌 갑 향 배 파 평 윤 씨 이 조 참 판

希仁女生四男一女墓雙墳享年七十二也嗚呼琴書寓興

희 인 녀 생 사 남 일 녀 묘 쌍 분 향 년 칠 십 이 야 오 호 금 서 우 흥

扁堂兮風流一生化身哉門閥寬洪養父兮通明大人養子

편 당 혜 풍 류 일 생 화 신 재 문 벌 관 홍 양 부 혜 통 명 대 인 양 자

哉至人達士道家兮蓬萊瀛洲神仙哉十有二卷文集兮二

재 지 인 달 사 도 가 혜 봉 래 영 주 신 선 재 십 유 이 권 문 집 혜 이

次外亂亡失哉才厚命薄古語兮爲誰何爲歎食哉讚曰
차외란망실재재후명박고어혜위수하위탄식재찬왈

端午回來陰漸微　金陵深谷一墳磯
단오회래음점미　금릉심곡일분기

雙封護石純然美　諸種備形高狀䯋
쌍봉호석순연미　제종비형고장비

樂院職場風韻潤　養家庭訓寬洪巍
악원직장풍운윤　양가정훈관홍외

琴書寓興扁堂裏　惜也何如無命徽
금서우흥편당리　석야하여무명휘

350. 청심재(淸心齋)

청심재는 경기도 김포시 대곶면 약암리에 있다.

청송 심공을 추모하는 곳이다.

공의 휘는 달원, 자는 자용이다.

고조의 휘는 온이요, 영의정이다.

증조의 휘는 회요, 청송부원군이다.

조의 휘는 원이요, 내좌시판관이다.

고의 휘는 순문이요, 의정부사인이다. 영의정을 증직 받았다.

어머니는 평산신씨, 사헌부감찰 영석의 딸이다.

성종 25년 갑인 2월 태어났다. 일찍이 아버지가 돌아가시고 어머니가 힘써 가르쳤다.

총명하여 다른 사람을 뛰어넘었다. 한두 번 읽으면 문득 다 외웠으니, 뜻을 배움에 두어 15세에 문득 정시에 합격하였다. 성장하면서 모재를

스승으로 삼았다.

24세에 등과하여 여러 직책을 지나 장악원 책임을 맡았다. 그 사이 파종가의 휘 형의 밑으로 입양되었다.

중종 30년 을미 11월 22일에 갑자기 병이 들어 일어나지 못하니 나이 42세였다.

이조참판을 증직 받았다.

산소는 김포시 통진읍 옹정리 약산에 있다. 경좌 갑향이다. 부인은 파평윤씨, 이조참판 희의 딸이다.

4남 1녀를 낳았다. 산소는 쌍분이다. 향년 72세였다.

오호라 금서우홍이란 편당을 달았다. 풍류로 일생을 살은 몸이다.

문벌은 넓고 너그러운 양부여, 밝음을 통한 대인의 양자로다.

지인달사의 도가여

봉래산 영주산의 신선이로다. 12권의 문집이여 2차 두 난리에 모두 잃어버렸도다.

재주가 많은 자 명이 짧았다는 옛 말이여, 누구를 위하여 왜 탄식한다는 말인가! 기려 노래하노니,

단오가 돌아오니 음이 점점 작아지고
금릉의 깊은 골에 한 재실이 상서롭네.
쌍봉의 호석이 순수하며 아름다운데
모든 종류로 갖춰진 모양 높은 모습으로 자랑하네.
장악원 직장은 풍류가 윤택한데
가정교육은 너그럽고 넓고도 높았도다.
금서우홍이란 편당을 달아놓은 속에
아깝도다 어찌하여 명을 누리지 못했던고 전

흔들린 꽃가지에
애꿎은 다툼소리

야무진 글과 소리
고르고 막힘없다

하늘이 넋 놓고 있어
이 꽃다운 젊음을

욕천 최장호

마음이 맑으려면
몸가짐 달라야지

어머니 가르침을
두세 번 새기면서

큰 집에 아들이 되어
이어가는 새 살림

노산당 전향아

약바위 푸른 솔밭
늪자리 고즈넉해

열두 권 책을 쓰고
마흔둘 가신 나이

아쉽다 못 다한 풍류
추임새만 흐른다

갑고 홍영표

남다른 슬기로다
일찍이 벼슬살이

바른길 어지신이
참 선비 아니신가

하늘도 탐이 났던가
어찌 그리 빠르게

안일당 이원희

큰 집에 맏아들로
새 이름 받아 놓고

나랏일 신이 나라
노래로 가르치며

마흔둘 가는 날까지
아들 넷에 딸 하나

설전 임준신

바람과 나달들이
흐르고 바뀌어감

노래로 부르면서
뛰어난 글 솜씨로

남긴 말 여러 권이나
볼 수 없어 아깝네

우인 경우수

손돌목 넘친 예기
약바위 손짓하네

선비의 금서흥취(琴書興趣)
버린 책 명산대천(名山大川)

그래도 부럽지 않네
기다리는 맑은 맘

가산 임봉훈

슬기로 올라서서
일찍이 벼슬살이

재주가 많아선가
하늘도 탐냈도다

갖춰진 묏자리에
두 봉분이 정답다

오남 이종관

하늘이 내려준 듯
땅에서 드러나니

번듯한 생김새에
뛰어난 글 솜씨라

보인 건 하나뿐인데
끝이 없네 그 울림

서천 조경휘

淸心齋

安逸堂 李元熙

端午漢江水色微 金陵深谷古齋磯
雙墳童子石苔艶 墓域野花香散馡
力學登科華職迪 班家庭訓德修巍
能書著述數多集 可憾天無長壽徽

단오 한강에 물색이 희미한데
김포의 깊은 골에 옛 재실이 상서롭도다.
쌍분 앞에 이끼 낀 동자석이 고운데
묘역의 들꽃 내음이 향기롭도다.
학문에 힘써 등과하여 화직에 나아갔고
가정교육으로 덕을 닦음이 높도다.
글에 능통해 저술이 많았는데
슬프도다 하늘이 장수를 허락하지 않았도다.

清心齋

佳山 任奉壎

孫乭金陵故事微 遂安山麓一齋機
琴書寓興餘薰響 儒頌生涯隱鵠緋
德化筆耕探禹穴 逸傳文集不忘巍
鹽河演史吟歌裡 巖邑清心萬世徽

손돌목 金陵에는 故事들이 精妙하게 숨어있는데
遂安山 산기슭에 祥瑞로운 清心齋가 반겨준다.
거문고 글에 부처 사는 興趣에 餘薰이 울려 퍼지고
雅頌 讚美하는 儒士生涯는 隱鵠으로 香氣 피우네.
德化 위한 探勝筆耕은 夏禹의 探 名山大川인데
전하지 못한 文集이 高大함을 잊을 수가 없구나.
鹽河 역사의 事實을 詳細陳述하고 노래하는 속에
약바위골 깨끗한 마음은 萬世토록 거문고 타리다.

---

1) 巖邑 : 藥巖(金浦市 대곶(大串面 藥巖里)에 있는 一名 약 바위).
2) 清心 : 깨끗한 마음. 마음을 깨끗하게 함. 마음을 깨끗이 가짐.

淸心齋

梧南 李鍾寬

端午滄江遠岫微 金陵大串古齋磯
芝封玄石彩然艶 蘚碣苔碑香散馡
花爛春風容皃秀 泰山喬岳品威巍
詩文卓絶數卷集 可惜天無歌壽徽

단오 날 창강에 먼 산이 희미한데
김포 대곶에 옛 재실이 상서롭구나.
잔디 덮인 봉분과 상석은 오색을 띠고 고운데
이끼 낀 비갈은 향기를 뿜는구나.
봄바람에 난만한 꽃처럼 용모는 빼어나고
태산 교악 같은 품위는 우뚝하도다.
시문은 탁절하여 여러 권 문집을 냈는데
가석타 하느님은 아름다운 수를 노래하는 기쁨을 주시지 않았도다.

清心齋

抒滈 趙京彙

綠染山林丹色微 金陵一墓旋祥機
文人無象官途凄 童子有形教育馡
栽竹種花親樂素 容端姿活仕欽巍
吏文通達功勞立 天報後孫沈閥徽

산림이 녹색으로 물드니 붉은색이 미미한 때에
김포에 한 묘가 있어 상스러운 기운이 도네.
문인상은 없으니 관리 길은 쓸쓸했고
동자상만 있으니 가르침에 향기네.
대나무 꽃을 심어 스스로 즐김이 소박하였고
용모 단정 자세는 활달 선비들 흠모함이 높아
이문 문체에 통달하여 공로가 있어
하늘은 후손에게 보답 심씨 가문이 빛나네.

청심재(淸心齋)에서

세온쉰 번째 한가락 모임
때 : 4352(2019)년 6월 08일, 토요일, 맑음
곳 : 청심재 - 경기도 김포시 대곶면 약암리

6월, 호국보훈의 달이며 특히 올해는 3.1혁명이 일어난 100주년이며 또한 어제는 봉오동 전투가 일어난 날이며 99주년이 된다. 이를 기념하여 극장가에서 1920년 독립군의 무장 투쟁을 담은 영화가 여럿 극장에서 상영되고 있다. 1920년 6월, 역사에 기록된 독립군의 첫 승리를 이룬 서막을 열은 해이다. 그런 날 바로 어제였다. 마치 淸心丸 한 알 먹고 나서 복받쳐 나오는 긴 트림을 한 것 같이 기쁜 날이다. 그렇다. 마음의 잡내를 없애어 깨끗이 함이라 일까. 일본에 의한 너덜너덜 해진 강토에 통쾌한 휘파람이 강을 넘어 불어 왔을 것이다. 독립군의 활약으로 간담이 서늘해진 일본군들이 있었다. 그리고 독립을 향한 한 가닥 밝은 빛줄기를 찾은 사람들이 있었듯이 오늘 찾아 가는 곳도 또한 이와 같은 淸心丸이라고 할까. 잡념 하나 없는 깨끗한 마음을 간직한 분을 모신 淸心齋를 찾아 가는 날이라 설렘이 듬뿍듬뿍 밀려온다. 오늘도 마음이나 깨끗이 비워 볼까나.

6월 8일 바로 오늘 역사 탐방하는 날, 송정역 10시 회원들이 하나둘 모여들었다. 자동차 두 대로 이동한다. 又仁 회장은 中觀선생님과 일부 회원님을 모시고 가고, 남은 회원들은 抒海 회원님의 자동차에 탑승하였다. 한 시간 정도 따스한 6월의 열기를 식혀가며 시원스레 달려가니 바로 목적지에 다가섰다. 11시 18분, 淸心齋를 지킴이인 목질이 좋은 커다랗고 오래된 참죽나무가 두 그루 우뚝 서있고, 또한 왼쪽 마당 옆엔 보호수로 관리되는 느티나무 한 그루 연한 푸름을 머금고 있다. 庭園石 사이엔 숨을 듯 말

듯 보이는 연붉은 연산홍과 초여름의 철쭉들이 도톰한 입술을 내밀 듯 피어 있다. 하얀 벽으로 이룬 건물 한 가운데 淸心齋라고 적힌 현판이 달려 있다. 문중사람들이 우리 한가락 회원들을 환하게 맞이한다. 먼저 沈達源의 墓所에 가서 公에 대한 참배하기 위해 이동하기로 한다. 문중에서 안내하는 자동차를 따라 樂岩二里 마을회관으로 가는 길을 밟고서 아주 조금 이동하였다. 乘馬山 줄기를 타고 내려와 양지바른 이곳에 公의 神道碑와 墓가 있다. 이곳은 약초가 많이 나와 藥山이라고 하였고 지금도 樂岩里라는 마을이름이 남아 있다. 앞에서 바라보면 작은 숲과 너른 논두렁 넘어 大串面의 주산인 燧安山이 탁 트인 듯 가깝게 다가선다. 配位 坡平尹氏와 雙墳으로 이루어졌다. 各各의 封墳마다 빙 둘러진 둥근 테두리 형태로 된 護石이 감싸서 墓를 안전하게 보호하고 있다. 주변을 자세히 살펴보고 나서 다시 淸心齋로 발걸음을 옮긴다.

11시 56분쯤 이제 公에 대한 공부할 시간이다. 중관선생님이 준비하신 자료를 노산당이 회원들과 문중어르신에게 각각 나누어 주시고 이내 公에 대한 공부를 바로 이어간다.

경기도 金浦市 大串面 樂岩里에 있는 淸心齋는 公을 추모하는 곳이다.

公의 諱는 達源이며 字는 子容이고 靑松沈氏이다. 公은 24세에 별시문과에 급제하고 弘文館正字에 제수되었고, 이어서 副修撰에 올랐다. 己卯士禍때에 탄핵되어 귀양을 갔고 복직 후 掌樂院正 通禮院 右.左通禮를 모두 역임하였으나 42세의 젊은 나이에 갑자기 돌아가셨다. 公은 漢語, 吏文에 통달하였으므로 承文院의 직을 겸하였고 이문교육에도 이바지하였다. 琴書寓興이란 넉자의 큰 글씨를 집에 걸어놓고 꽃과 대나무를 심어 기르며 항상 도서를 좌우에 두고 그 가운데 거처하며 스스로 즐거워하였다. 거문고와 책을 늘 옆에 두고 시적 감흥이나 영감을 불러일으키는 선비의 본보기가 아닐까. 아니 겉모양새를 잘 꾸미는 선비보다 하나의 잡념도 없이 깨끗이 내면의 마음을 꾸미는 참 선비의 모습이라고 생각되어진다. 淸心은 자유롭게 넘나들며 마음속의 바람의 유연함이다. 그리고 6월은 단지 나라만 생각하며 斷頭臺上 有存春風을 외치고 사라진 사람들이 너무도 많이 있다. 그러나 바로 6월 7일 어제는 6월의 첫 승리의 날로 기억해도 좋을 듯하다. 6월의 그분들도 깨끗한 淸心의 마음을 지녔을 것으로 보인다. 마치 분꽃나무 곁을 스쳐 지날 때 마다 어김없이 향기를 낸다. 그들처럼 향기로움이 있다. 13시 21분에 공부를 다 마쳤다.

13시 30분경에 이곳 大串面에 있는 가까운 식당인 바다양푼이동태탕찜으로 이동하여 겨울의 별미를 느껴보았다.

다시 집으로 가기 위해 사당방향으로 가시는 회원은 又仁 회장의 차량에 탑승하고, 송정역방향으로 가시는 회원들은 抒滸 회원님의 자동차에 탑승하였다. 오늘도 두 분의 안전운행 기사님 덕분에 무사히 오늘 역사 탐방이 마무리되었다. 역시 고마울 따름으로 맑은 향기가 몸에 밴다.

욕천 최장호 씀.

351. 참찬공묘(參贊公墓)에서

곧은 말 하다 보니
네 임금 모시면서

여든이 넘도록에
이저리 뛰었는데

기러기 두 번 날려도
아들 하나 못 얻어

최중관

▲ 참찬공묘

▲ 참찬공신도비 앞에서

▲ 참찬공 묘비

▲ 참찬공 공부를 하며

351. 參贊公墓(참찬공묘)

參贊公墓在京畿道金浦市月串面古幕里公諱應亨字嘉
참 찬 공 묘 재 경 기 도 김 포 시 월 곶 면 고 막 리 공 휘 응 형 자 가

伯系驪興閔氏高祖諱季曾敦寧僉正曾祖諱叢宗親府典
백 계 여 흥 민 씨 고 조 휘 계 증 돈 령 첨 정 증 조 휘 총 종 친 부 전

籤祖諱致中贈承旨考諱頀承旨贈贊成妣南陽洪氏禮曹
첨 조 휘 치 중 증 승 지 고 휘 호 승 지 증 찬 성 비 남 양 홍 씨 예 조

佐郎翼世女以宣祖十一年戊寅生公年纔舞象嶷然成人
좌 랑 익 세 녀 이 선 조 십 일 연 무 인 생 공 년 재 무 상 의 연 성 인

左侍二親右挈同氣衣服厚薄朝夕糊口皆由公辦三十五
좌 시 이 친 우 설 동 기 의 복 후 박 조 석 호 구 개 유 공 판 삼 십 오

歲文科翌年以光海廢母論隱遁仁祖反政後刑曹佐郎持
세 문 과 익 년 이 광 해 폐 모 론 은 둔 인 조 반 정 후 형 조 좌 랑 지

平掌令司諫大司諫知中樞府使大司憲顯宗三年右參贊
평 장 령 사 간 대 사 간 지 중 추 부 사 대 사 헌 현 종 삼 년 우 참 찬

同年七月十九日卒享年八十五也文殊山乾坐葬也配原
동 년 칠 월 십 구 일 졸 향 년 팔 십 오 야 문 수 산 건 좌 장 야 배 원

州李氏護軍挺植女生一女後配江陵崔氏僉知基錫女無
주 이 씨 호 군 정 식 녀 생 일 녀 후 배 강 릉 최 씨 첨 지 기 석 녀 무

子以淮陽公弟二子煦入養也嗚呼從心皆悅高齡兮宦路
자 이 회 양 공 제 이 자 후 입 양 야 오 호 종 심 개 열 고 령 혜 환 로

直言益强哉晝夜國事盡力兮過門不入馬箠哉疊疊官事
직 언 익 강 재 주 야 국 사 진 력 혜 과 문 불 입 마 추 재 첩 첩 관 사

處決兮家庭小事不顧哉送鳥之禮兩次兮膝下之福不知
처 결 혜 가 정 소 사 불 고 재 송 조 지 례 양 차 혜 슬 하 지 복 불 지

哉二品官職聞達兮皆悅過年無嗣哉噫天兮何由乎讚曰
재 이 품 관 직 문 달 혜 개 열 과 년 무 사 재 희 천 혜 하 유 호 찬 왈

南北東西辨魯魚　金陵深谷輒停車
남 북 동 서 변 노 어　금 릉 심 곡 첩 정 거

二人合窆大幽宅　十丈高碑螭首踞
이 인 합 폄 대 유 택　십 장 고 비 리 수 거

直諫四王忠義盡　倚天兩雁信誠儲
직 간 사 왕 충 의 진　의 천 양 안 신 성 저

從心皆悅克無嗣　先國後家叮囑初
종 심 개 열 극 무 사　선 국 후 가 정 촉 초

351. 참찬공묘(參贊公墓)

참찬공의 산소는 경기도 김포시 월곶면 고막리에 있다.
공의 휘는 응형이요, 자는 가백이다. 계는 여흥민씨이다.
고조의 휘는 계증이요, 돈령첨정이다.
증조의 휘는 총이요, 종친부전첨이다.
조의 휘는 치중이요, 승지를 증직 받았다.
고의 휘는 호요, 승지이고 찬성을 증직 받았다.
어머니는 남양홍씨로 예조좌랑 익세의 딸이다.
선조 11년 무인년에 공을 낳았다.
공의 나이 겨우 13세에 의연하여 성인 같았다.
좌로는 두 어버이를 모시고 우로 동기를 이끌었다.
의복은 두껍거나 얇거나 아침저녁 식사는 다 공으로부터 갖추었다.
35세에 문과하여 다음해 광해군의 폐모 사건에 반대를 논하다가 운

둔하였다. 인조반정후에 형조좌랑 지평 장령 사간 대사간 지중추부사 대사헌을 지냈다.

현종 3년 우참찬을 지냈다. 같은 해 7월19일 돌아갔다. 향년 85세였다. 문수산 건좌향에 장사지냈다.

부인은 원주 이씨로 호군벼슬의 정식의 딸이다. 1녀를 낳았다.

다음 부인은 강릉최씨로 첨지 기석의 딸이다.

아들이 없었다. 회양공의 둘째아들 후를 입양하였다.

오호라 70 - 80 높은 나이여 벼슬길에 직언으로 더욱 강하였도다.

밤낮으로 나랏일에 힘을 다함이여 집앞을 지나면서도 들어가지 않았도다.

첩첩이 벼슬길에 일처리를 처결함이여 집안의 소사에는 돌아보지 못하였도다.

장가를 두 번 갔음에도 자식 얻는 복을 얻지 못하였도다.

이품관직의 통달함이여 80이 지났는데도 자식이 없었도다.

하늘의 뜻이여 무엇에 말미암음이신가요.

기려 노래하노니,

남북동서 노어를 판단함이여
금릉의 깊은 골에 문득 수레를 멈추었도다.
두 사람이 함께 묻힌 큰 유택이여
십장 높은 비석엔 이무기 머리가 살아 있도다.
바른말로 네 왕을 모시면서 충성을 다하였고
하늘을 의지하여 두 기러기에 믿음을 쌓았도다.
칠팔십을 다하도록 자식 얻는 기쁨을 몰랐고
나라일 먼저 집안은 다음 처음처럼 끝까지 했도다. 전

늘그막 쉴 날 없다
하나둘 서넛이라

터놓고 숨김없다
딴딴한 붉은 팥알

위아래 막힘도 없는
걸머진 일 나랏일

욕천 최장호

네 임금 모셨는데
무얼 더 바라리오

아들을 못주시는
하늘 뜻 있겠지요

다하고 떠나는 그날
웃으면서 안녕히

노산당 전향아

일에는 나라 먼저
바른말 으뜸이라

네 임금 이어 모셔
아흔이 가까워도

기러긴 거듭 갔는데
아들기민 없었네

갑고 홍영표

한더위 눕자리가
마파람 시원하다

네 임금 모신 선비
바르게 살았건만

긴 명에 아들 안주신
하늘의 뜻 왜인지

안일당 이원희

네 분의 임금 따라
할 일은 다했는데

툇마루 아이 웃음
그 소릴 못 들었네

떠나는 그날까지도
아쉬움을 품었다

설전 임준신

바른 뜻 펴다보니
위에서 알아보고

누린 해 여든다섯
기러기 날린 두 번

그래도 뒤를 못이어
조카 세워 이었네

우인 경우수

뭐라고 노어지오(魯魚之誤)
길손님 물어 본다

바른 말 누가했나
일러준 문수신령(文殊神靈)

네 임금 모시다 보니
불망실가(不忘室家) 노래해

가산 임봉훈

바른 말 옳은 길로
네 임금 모셨는데

여든 살 넘도록이
아들이 없었으니

하늘의 뜻이었던가
어진이의 참살이

오남 이종관

선비로 태어나서
곧기만 하겠는가

옳은 말 서슴없고
깨끗에 가난하나

네 임금 모시었으니
오래토록 못 잊어

서천 조경휘

參贊公墓

安逸堂 李元熙

流夏淸江觀躍魚 金陵月串乍停車
婦夫合窆大墳美 碑碣銘書神筆琚
直諫多王貞義勇 禱天願子懇誠儲
恒時爲國一身獻 壯也忠乎人倫初

6월의 맑은 강에 뛰어오르는 물고기가 보이는데
김포의 월곶에 잠깐 수레가 멈추었도다.
부부 합장한 큰 묘가 아름다운데
비석에 새긴 글이 신필이로다.
여러 왕께 직간한 곧은 의로움이 용감한데
하늘에 자식 얻기를 간절히 빈 정성이로다.
항시 나라를 위하여 한목숨 바쳤으니
장하도다! 충이여 인륜의 처음이로다.

參贊公墓

佳山 任奉壎

灣入江邊考魯魚 豪探月串軟風車
文殊嶺嶂來龍理 錦地山河偉績琚
內室忘形令不善 先邦守禦裏無儲
東方震史長途奕 幽宅金陵永世初

바닷물 들어오는 뭍, 江岸에 魯魚之誤를 살피는데
호걸이 더듬은 월고지 停車場에 바람이 솔솔 분다.
文殊 산마루길 봉우리에 來龍을 다스림이 玉 같고
文錦貴地의 山河는 위대한 功績이 큰 구슬이로다.
內外 室家와 物我의 境地로 하여금 不善하였으나
先行爲國의 外患을 막는 속에 後嗣가 없게 되었네.
東方의 우레 치는 역사는 갈 길이 멀고 빛나는데
金陵의 參贊공 幽宅은 영세토록 不忘其初 하리다.

參贊公墓

梧南 李鍾寬

冽水淸江觀躍魚 金陵古幕乍停車
茫茫大海展蒼繡 卓卓高碑銘譽琚
直諫列王貞義盡 禱天祈子至誠儲
爲忠一念三朝侍 憂國不眠月上初

열수 청강에 고기가 뛰는 것을 보고자
김포 고막동에 갑자기 차를 세웠도다.
망망대해 푸른 비단을 펼쳤고
탁탁한 높은 비석엔 아름다운 영예를 새겼도다.
여러 왕에게 직간하여 충의를 다하고
하늘에 기도하여 정성껏 아들을 빌었도다.
충성된 일념으로 세 왕조를 섬기고
나라와 백성을 근심하여 잠 못 이룬 채 새벽달이 떴구나.

參贊公墓

抒濟 趙京彙

雨月爽風幻味魚 金陵探訪伴乘車
田中神道蛟龍璨 丘上墳碑笠子琚
遺澤增思民砟樹 讜論尤切上恩儲
清貧忠義三朝事 永及無窮不失初

5월 상쾌한 바람에 맛있는 제철 고기를 생각하며
김포를 여러 사람과 합승 탐방하니
밭 가운데 신도비는 머리에 교룡이 빛나고
언덕 위 묘비 머리에 옥돌 같은 갓이라.
임의 혜택 생각이 더하여 백성은 비석을 세워 기리고
궁중 당론이 더욱 절박하여 임금의 은혜는 쌓여가.
청빈과 충의로 세 임금을 모시니
무궁토록 초심을 잃지 않으리.

---

1) 雨月 : 음력 5월.
2) 璨 : 빛날 찬.
3) 笠子 : 갓.
4) 砟 : 비석 사.
5) 三朝 : 인조, 효종, 현종.

참찬공묘(參贊公墓)에서

세온쉰한 번째 한가락 모임
때 : 4352(2019)년 6월 29일, 토요일, 맑음
곳 : 참찬공묘 - 경기도 김포시 월곶면 고막리

351회째 한가락 모임은 송정역에서 10시에 모이기로 하였다.

오늘 참석해주신 총 12명이 중관선생님, 갑고, 가산, 우인, 석초, 욕천, 문광, 서정원, 한홍식, 금동창님, 초계, 그리고 나, 열 두 명이 움직이기 위하여 우리가 준비된 승용차는 2대뿐이라 택시 한 대가 더 필요한 상황이다.

우인 차에는 중관선생님 외 3명, 서천 차에 4명, 택시를 빌려 4명 이렇게 나뉘어 타고 김포대학교 옆에 있는 들마루라는 식당으로 갔다.

이 식당은 문중분 후손이 운영하는 한방오리 요리집이라 여기로 모여 움직이기로 하였다.

사장님의 안내를 받으며 산소에 올랐다.

걸어서 5분 거리의 야트막하고 평평한 동산이다. 바로 밑에는 야구장이 있어서 건장한 학생들의 야구연습이 한창이며, 선수들의 함성이 하늘을 찌른다.

산소는 둥글고 크게 만들어졌으며 호석으로 감싸놓았다. 호석이란 흙이 흘러내리지 않도록 산소를 빙 둘러 감싸놓은 돌이다.

여기 호석엔 그림은 없었지만 다른 곳에서 보면 호석에다 십이간지 그림을 그려놓기도 하며 또는 선비의 절개를 상징하는 사군자를 그려놓기도 한다.

산소 앞에 놓인 널다란 돌은 혼유대라 하며, 바로 밑 조그만 돌은 향로석이다.

맑은 날씨에 푸르름이 넘치는 여름이라 산소와 잘 어우러져 더욱 돋보이는 날로서, 아이들과 도시락 싸들고 소풍을 온다면 일석이조의 득이 될 수 있을 것이다.

맨 위는 형님의 산소이며 그 아래 공의 산소가 있었다.

산소는 잘 가꾸어져 있어 후손들의 부지런한 손길을 느낄 수가 있었다.

산소에 있는 비석을 보면, 비석에 모자가 씌워져 있으면 비석이고, 모자가 없으면 비갈이라고 하는데 이곳엔 모자가 씌어져 있어 비석이다.

바다가 가까운 관계로 바닷바람을 쏘여서일까 비석엔 돌꽃이 피어서 글씨가 가려져 있었고, 몇 글자는 읽기가 어려울 정도로 보이질 않았다. 바다가 가까우니 그럴 수도 있겠구나 하면서 쓱쓱 문질러 보아도 읽기가 어려웠다.

식당으로 내려오니 미리 맞추어둔 오리 참숯구이가 준비되어 있었는데, 요리는 오리 한 마리를 잘 구워서 예쁜 모양으로 접시에 올려놓아 각종 밑반찬과 함께 깔끔하고 맛깔스럽게 잘 차려놓아 오감을 만족시켰다. 아주 만족스럽게 맛있는 요리였는데 계산서를 보고 조금 비싼 감이 들어 놀라왔다. 하지만 맛의 댓가로 아낌없이 지불하고 자료 공부에 들어갔다.

'참찬공의 산소는 경기도 김포시 월곶면 고막리에 있다.'라고 시작되는 중관선생님의 우렁찬 목소리가 나울 소리를 넘어 크게 넓게 허공을 향해 울려 퍼진다.

공은 어려서 큰집으로 양자로 들어갔으며, 공부에 매진하였고, 예의범절이 철저하여 항상 또래를 뛰어넘는 특이함으로 보는 어른들을 놀라게 하였다.

벼슬길에서는 바른말로 직간을 올려 세상을 놀라게 하는 배짱도 두둑하던 사람이다.

4대왕을 모시면서 많은 일을 하였고 천수를 다하였다.

더 자세한 내용은 번역본을 옆 장에 함께 실어놓아서 참고하시면 될 것이라 믿으며 이만 줄인다.

공부를 마치고 서울 길은 자유롭게 각자 편하게 승용차에 나눠 타고 헤어졌다.

나만 혼자 벗찌를 따겠다고 낯선 곳에 남아서 이곳저곳을 돌아다니며, 작은 내 키가 닿을 수 있는 낮은 곳에서만 따다 돌아왔다.

작은 행복감에 취하여 서울에 7시에 도착하였다.

노산당 전향아 씀.

352. 한재사당(寒齋祠堂)에서

임금께 올릴 말씀
곧은 말 아니겠나

나라를 생각하면
목숨도 가벼우니

서른이 안 되었으나
아깝잖은 이 한 몸

최중관

▲한재사당

▲ 한재사당 앞에서

▲ 정간공묘

▲ 정간공 공부를 하며

352. 寒齋祠堂(한재사당)

寒齋祠堂在京畿道金浦市霞城面佳金里貞簡公追慕處
한 재 사 당 재 경 기 도 김 포 시 하 성 면 가 금 리 정 간 공 추 모 처

也公諱穆字仲雍系全州李氏高祖諱伯由完城府院君曾
야 공 휘 목 자 중 옹 계 전 주 이 씨 고 조 휘 백 유 완 성 부 원 군 증

祖諱粟都承旨祖諱孫若高城郡事考諱閏生定略將軍忠
조 휘 속 도 승 지 조 휘 손 약 고 성 군 사 고 휘 윤 생 정 략 장 군 충

佐衛副司果妣南陽洪氏以成宗二年辛卯七月生公修學
좌 위 부 사 과 비 남 양 홍 씨 이 성 종 이 년 신 묘 칠 월 생 공 수 학

金宗直門下十九歲司馬試進士科送雁禮安金氏大司成
김 종 직 문 하 십 구 세 사 마 시 진 사 과 송 안 례 안 김 씨 대 사 성

金首孫女也二十五歲燕山君元年乙卯大科壯元自正六
김 수 손 녀 야 이 십 오 세 연 산 군 원 년 을 묘 대 과 장 원 자 정 육

品職歷諸華職爲永安南道兵馬評事入湖堂賜暇讀書成
품 직 역 제 화 직 위 영 안 남 도 병 마 평 사 입 호 당 사 가 독 서 성

宗病中大妃施淫祀率儒生杖逐巫女又上疏文中有領相
종 병 중 대 비 시 음 사 솔 유 생 장 축 무 녀 우 상 소 문 중 유 영 상

尹弼商奸鬼之指目以流公州翌年解也燕山君四年戊午
윤 필 상 간 귀 지 지 목 이 유 공 주 익 년 해 야 연 산 군 사 년 무 오

史禍七月二十六日處刑享年二十八也後甲子士禍剖棺
사 화 칠 월 이 십 육 일 처 형 향 년 이 십 팔 야 후 갑 자 사 화 부 관

斬屍後贈二品官職吏曹判書賜諡貞簡不祧之典天人一
참 시 후 증 이 품 관 직 이 조 판 서 사 시 정 간 불 조 지 전 천 인 일

致思想主唱者有文集其中錄之茶賦倘最初茶書哉祠堂
치 사 상 주 창 자 유 문 집 기 중 록 지 다 부 당 최 초 다 서 재 사 당

境內屹立寒齋茶亭也上疏文難何兮領相烹刑難哉讚曰
경내흘립한재다정야상소문난하혜영상팽형난재찬왈

昔日其誰重國虞　金陵停轡一祠膴
석일기수중국우　김능정비일사무

飛檐瓦屋神宮肅　螭首墓碑龜背趺
비첨와옥신궁숙　리수묘비구배부

領相烹刑奸鬼疏　公州流解史詨殊
영상팽형간귀소　공주유해사효수

茶文創作築亭裏　而立未充如大儒
다문창작축정이　이립미충여대유

352. 한재사당(寒齋祠堂)

한재사당은 경기도 김포시 하성면 가금리에 있다.

정간공을 추모하는 곳이다.

공의 휘는 목이요, 자는 중옹이요, 계파는 전주이씨이다.

고조의 휘는 백유요, 완성부원군이다.

증조의 휘는 속이요, 도승지이다.

조의 휘는 손약이요, 고성군사였다.

고의 휘는 윤생이요, 정략장군이요, 충좌위부사과이었다.

어머니는 남양홍씨로 성종 2년 신묘년 7월에 공을 낳았다.

김종직 문하에서 공부 하였으며, 19세에 사마시진사과에 합격하였다.

예안김씨 대사성 김수손의 딸에게 장가들었다.

25세 연산군 원년 을묘에 대과에 합격하여 장원급제하였다. 바로 정

6품으로 좋은 직책을 두루 걸쳐 영안남도 병마평사가 되었다.

호당에 들어가서 사가독서도 했다.

성종이 병중에 있으매, 대비께서 굿을 시행하려하니, 공이 유생을 거느리고 달려가 몽둥이로 무녀를 내쫓았다.

또 상소를 올렸는데, 문장 가운데에 영상 윤필상은 간사한 귀신이라 지목하였다가 공주로 유배를 떠났다 다음해에 풀려났다.

연산군 4년 무오사화에 연루되어 7월 26일에 처형당하였으니 향년 28세였다.

6년 후에 갑자사화에 부관참시를 당하였다.

다시 후에 이품관직 이조판서를 증직 받았다.

시호는 정간이다.

제사를 영원히 지내드리라는 명을 받았다.

하늘과 사람은 일치한다는 사상을 주창하였다.

문집 가운데에 다부(茶賦)를 기록하였으니 아마도 최초의 차를 노래한 책일 것이다.

사당 경내에는 높게 한재다정이라는 정자가 서있다.

상소문 중에 가장 어려웠던 것은 무엇이었던가.

윤필상을 삶아 죽이는 형을 행하라는 것이 어려웠도다.

기려 노래하노니,

옛날에 그 누가 나라의 일을 무겁게 근심하였던고.
금릉에서 말고삐를 멈추니 한 사당이 큼직하도다.
날 듯 한 기와집은 신궁으로 엄숙한데
묘비의 머리는 이무기요 바침은 거북이로다.

영상을 간사한 귀신이라 싫어 죽이라고 상소하니
공주로 귀양 갔다가 풀렸으나 죽임을 당하였고
차에 관한 글을 창작한 정자를 신축하여 기리는 속에
30세가 못되었는데도 큰 선비 같도다. 전

이 맛이 차 맛인가
차 맛이 마음인가

끝 맛과 첫 맛일랑
모두가 다름없다

이것도 저것도 아닌
한 가운데 고요함

욕천 최장호

한마디 던진 말로
끝마친 스물여덟

나라를 사랑하는
거울이 되었으니

읊었던 차향의 노래
이어지는 은은함

노산당 전향아

오로지 나라님께
곧은 말 올리다가

나라를 생각해서
목숨도 버렸지만

서른도 안 된 나이에
아깝고나 그 한 몸

갑고 홍영표

바른 말 올리다가
서른도 안 된 나이

못 올 길 가버린 임
아까운 나이건만

옳은 길 목숨보다 더
더 크다는 어진이

안일당 이원희

곧아도 너무 곧아
하늘을 찌르는 말

꽃 사내 이팔청춘
아까워 어이하리

즐기던 차 한 잔 여유
남아있는 멋이다

설전 임준신

눈 밝고 귀 밝아서
하늘 땅 뚫어보고

바른말 아뢰다가
서른도 안 돼 마친

그 자취 뛰어난 재주
글이 남아 전하네

우인 경우수

연꽃 못 한재 다정(寒齋茶亭)
노래꾼 찾아왔네

여울물 삼수(三水)머리
추임새 흥이 났다

애기봉(愛妓峰) 행림(杏林) 그림자
잊을 수가 없구나

가산 임봉훈

옳은 말 올리다가
못 올 길 가버렸네

서른도 채 아니 된
아까운 길이건만

바른 길 목숨보다 더
더 위인걸 내게는

오남 이종관

타고난 바른 마음
배움 길 올곧은 길

못 보네 나쁜 곳꼴
싸우네 못된 간귀

하늘은 알아주려니
빛이 나네 그 선비

서천 조경휘

寒齋祠堂

安逸堂 李元熙

自古忠臣先國虞 金陵一廟寒齋膴
古家庭後紅花美 蒼蘚墓前黑石趺
尹相烹刑奸魁疏 公州流解更誅殊
惜乎短命可賢士 青史英名評大儒

자고로 충신은 나라걱정을 먼저 하는데
김포의 한 사당 재실이 크도다.
고가의 마당 뒤엔 붉은 꽃이 아름다운데
푸른 이끼 묘 앞에 검은 빗돌이 아름답도다.
영상을 간신의 수괴니 삶아 죽이자 상소올리고
공주로 유배되어 풀고 나서 죽임을 당했도다.
아깝도다! 단명으로 어진 선비였으니
청사에 꽃다운 이름 큰선비로 평을 받는도다.

寒齋祠堂

佳山 任奉壎

常夏茶亭傑士虞 岐峯祠宇共徘膴
三江合水飛湍唱 七律長流鼓笛砆
雲海志行彈劾諫 茫洋孤帆死交殊
伸冤祕史旌門馥 杏木金陵弄月儒

常夏의 한재茶亭은 호걸과 文士들이 즐기는데
愛妓봉麓의 祠宇는 膴膴를 함께하고 노닐고 있네.
臨津, 禮成, 漢江 合水하니 여울물소리는 노래하고
七律이 흐르는 긴 물결은 鼓笛이 구슬이로구나!
雲海 같은 志操와 德行을 彈劾으로 諫諍하는데
茫茫大洋의 孤獨한 帆船처럼 참수를 死交라 할까.
伸冤雪恥에 숨은 역사는 旌門에서 香氣 피우니
杏林木葉의 金陵에서 大儒는 달을 戲弄하고 있네.

---

1) 膴膴 : 땅이 걸고 아름다운 모양.
2) 死交 : 죽을 때까지 變하지 아니하는 交分.

寒齋祠堂

梧南 李鍾寛

年少壯元微笑虞 寒齋抱負泰山膴
烹刑尹相魁奸疏 流解公州一丈玞
吊帝連累斬首酷 士林再禍史論殊
中宗敘怨可天理 竹帛評之眞大儒

어린 나이에 장원하니 웃음지어 기뻐하는데
한재 포부는 태산과 같이 크구나.
윤필상 재상은 간신의 괴수이니 팽형함이 마땅하다 상소하고
공주에서 유형이 풀리니 대장부로다.
조의제문에 연루하여 참수당하고
사화를 재탕하니 사림의 공론은 잘못되었다고 하는도다.
중종이 원을 풀어주니 천리에 합당한 것이고
역사는 공을 평하여 진실로 큰 선비라 하더라.

寒齋祠堂

抒海 趙京彙

常夏颱風霶接虞 全陵名處索祠膴
群青匝樹悽恭坫 純黑孤碑毅魄砆
淫祀枚禁貞上讚 鬼奸奏疏簡丞殊
天人一致心然裏 不屈無邪凜凜儒

6월 태풍에 소나기를 만날까 걱정 속에
김포 이름난 곳 사당을 찾아가니 크네.
둘레의 짙푸른 나무가 정성, 공경스러운 병풍 같고
짙은 흑색의 비는 굳센 정신의 옥돌이라.
굿거리를 보고 매로 금하니 곧음은 임금의 칭찬이요
간신 영의정을 벌하라 하니 대담함은 승상의 죽임을 당하네.
하늘과 사람의 일치 사상 속에
굽힘 사악함 없는 늠름한 선비로구나.

한재사당(寒齋祠堂)에서

세온쉰두 번째 한가락 모임
때 : 4352(2019)년 7월 20일, 토요일, 맑음
곳 : 한재사당 - 경기도 김포시 하성면 가금리

오늘은 한가락 모임 삼백쉰두 번째 경기도 김포시 하성면 가금리에 있는 정간(貞簡) 이목(李穆)공(公)의 유적(遺跡)을 찾아가는 날이다. 요즈음 우리나라는 태풍권에 들어 날씨 변동이 심해 오늘 행사에 나이 드신 분들이 많은데 조금 염려(念慮)가 된다. 갑고 선생님과 함께 가기위해 갑고 선생님 댁(宅)에 먼저 들렀다. 지난 번 길에 도로안내기를 켜지 않고 갔다가 5호선 1번 출구를 눈앞에 두고 세 바퀴를 돈 것을 생각하여, 오늘은 출발부터 도로안내기를 작동시켰다. 요즈음 도로 교통사정은 그야말로 예측불가다. 소통(疏通)이 원활(圓滑)하면 금새 닿을 수 있는 길도 막히다보면 어찌할 도리(道理)가 없다. 9시 즈음에 출발했으니 목적지 송정역까지 약속시간인 10시까지는 넉넉하지만 그래도 도로 사정(事情)은 알 수 가 없다. 대로로 나와 88도로로 올라서서 김포(金浦)로 향했다. 남쪽지방에는 비가 많이 오지만 중부지방은 비는 오지 않는다. 도로도 그런대로 소통이 원활(圓滑)해 그렇게 촉박(促迫)하지는 않을 것 같다. 방화대교에서 좌로 돌아 시내 쪽으로 향하다 공항중학교를 우로 끼고 돌아 조금 나아가면 송정초등학교 앞 5호선 송정역 1번 출구 앞이다. 여유(餘裕)있게 중간 목적지에 닿았다. 노산당 한테서 전화가 왔다. 도착한 회원들이 지하대합실에서 기다리고 있단다. 잠시 후 우리는 서천이 몰고 온 차와 내 차에 회원들을 나누어 모시고 한재사당(寒齋祠堂)으로 향했다. 차를 다시 한강쪽으로 돌리고가다 다시 좌회전해서 김포쪽으로 가다 통진(通津)쪽으로 우회전 하고 나아가다 하성

(霞城) 원형 로터리에서 좌회전해서 통진쪽 으로 나아가 얼마 가다보니 오늘 우리의 목적지인 한재사당(寒齋祠堂) 안내판이 보인다. 오른쪽은 한재사당(寒齋祠堂)이 보이고 건너편은 마을회관이 있다. 우리는 마을회관 앞에 차(車)를 세우고 차에서 내려 한재사당(寒齋祠堂) 쪽으로 향했다

한재사당(寒齋祠堂)은 경기도 기념물47호로 조선 중기 문신으로 무오사화(戊午士禍) 때 28세의 나이로 화를 입은 이목(李穆) 선생의 위패(位牌)를 봉안(奉安)한 사당(祠堂)으로 1849년에 건립된 구사당과 1974년에 건립한 신사당이 있는데, 구사당은 맞배지붕 목조와가로 정면 3칸, 측면 2칸이며, 일주문(一柱門)과 담장이 둘러 있었으나, 신사당 건립(建立)으로 인해 현재는 담장만 남아있다고 한다. 출입문은 솟을삼문으로 정절문(貞節門)이라 해서(楷書)로 반듯하게 쓰여 있고, 그 뒤에 위패(位牌)를 봉안(奉安)한 사당 역시 정면 삼칸, 측면 한 칸으로, 맞배지붕으로 단청(丹靑)이 곱게 되어 있으며, 공(公)의 시호(諡號)를 따 정간사(貞簡祠)라 역시 해서로 반듯하게 쓰여져 있는데, 옆에 있던 노산당이 낙관(落款)을 자세히 보더니 우리 시대의 서예대가인 여초(如初)선생의 글씨라 한다.

사당 뒷문으로 나아가면 낮은 언덕에 삼단(三段)으로 묘역(墓域)이 조성되어 있는데, 맨 위에 있는 묘소(墓所)가 공(公)의 묘소로 원분(圓墳)으로 크게 잘 조성이 되어있고, 부인 예안김씨(禮安金氏)와 합장(合葬)이 되어 있으며, 전에 세운 묘표(墓表)와 이끼 낀 상석(床石)이 세워져 있고, 문인석(文人石)과 촛대석이 잘 갖춰져 있었으며, 오른쪽에 새로 귀부(龜趺) 위에 이수(螭首)를 얹은 비석(碑石)이 세워져 있다. 우리는 여기까지 올라온 문광선생님과 노산당, 욕천과 함께 묵념으로 예(禮)를 올리고 사진을 찍고 산을 내려왔다.

정간사(貞簡祠) 옆으로 정자(亭子)가 하나 있는데 간판(看板)이 한재다정(寒齋茶亭)이라 붙어있다. 공(公)은 한 때 술에 의지한 적도 있었는데, 차에 대한 호기심의 인연(因緣)으로 차를 즐기고 또한 차에 대한 차부(茶賦)라는

기록을 남겼으니, 아마도 차에 대하여 초의(草衣)스님이 쓴 동다송(東茶頌) 보다도 삼백여 년은 앞선 기록이라 할 수 있겠다. 우리는 한재다정(寒齋茶亭)으로 자리를 옮겨 자리를 잡고 공(公)에 대한 공부를 시작했다.

공은 성종2년(1471)에 출생하여 일찍이 점필제(點畢齊) 김종직(金宗直)에게 학문을 배웠으며 연산군 1년(1495) 문과에 급제하였다. 간사한 노정승 윤필상(尹弼商)이 대비(大妃)를 따라 불교를 받드는 것이 좋다고 성종(成宗)에게 청했는데, 선생이 유생(儒生)을 거느리고 소(疏)를 올려 윤필상(尹弼商)의 간사함을 논박(論駁)하고 악귀(惡鬼) 같은 윤필상(尹弼商)을 죽이기를 청(請)하여, 성종 임금의 큰 노여움을 받아 왕(王)이 공(公)에게 묻기를 "네가 나의 대신을 악귀(惡鬼)라 하느냐?" 하니 공이 "그의 행동을 사람이 알지 못하니 귀신(鬼神)이라 하였다."고 대답하였다고 한다. 왕이 사형(死刑)에 처(處)하려고 하였으나 주위(周圍)의 만류(挽留)로 공주(公州)로 귀양(歸鄉) 가는 것으로 처리(處理) 되었다고 한다. 그러나 바른말 잘하기로 이름난 공은 결국 무오사화 때 화를 면치 못하여 변(變)을 당했다.

이곳에는 숙종43년(1717)과 경종2년(1722)에 추증(追贈)한 교지가 함께 보관되어 있으며, 바른말 잘하기로 평판이 있어 연산군 때 성균관(成均館) 전적(典籍)으로 종학사회(宗學司湌)를 겸(兼)했다가, 영안도평사(永安道評使)로 나갔었다. 연산군4년(1498)에 무오사화(戊午士禍)가 일어나자 윤필상(尹弼商)의 모함(謀陷)을 받아 김일손(金馹孫), 권오복(權五福) 등과 함께 사형(死刑)을 받았다. 형장(刑場)에 나갈 때도 조금도 안색(顔色)이 변(變)하지 않았으며, 스스로 절명(絶命)의 시(詩)를 짓고 생(生)을 마쳤다고 한다. 공주(公州)에 귀양(歸鄉) 갔던 인연(因緣)으로 충현서원(忠賢書院)을 세워 제사(祭祀)하였으며, 선생은 학문을 하는 여가에 차(茶)를 기호품으로 애용해 앞에서 언급한대로 우리나라 최초의 차(茶) 관련 문장인 「다부(茶賻)」가 선생의 저서에서 발견되어 선생을 재조명하게 되었으며, 선생의 「다부(茶賦)」를 높이 평가하여 선생을 다부(茶父) 또는 다선(茶仙)이라 추앙하고, 해마다 한재사당을 찾아 헌다례(獻茶禮) 행사를 열고 있다고 한다.

정자 옆으로 차밭과 연못이 있고 묘역(墓域)이 잘 조성되어 있다. 바람이 솔솔 불어 진짜 옛 사람의 향기(香氣)가 나는 듯하다. 차는 없어 아이스크림으로 대신했다. 오늘도 공부 끝에 선생님께서 지으신 시조(時調)와 찬시(讚詩)를 해설(解說) 하시고 우리는 목청껏 시조(時調)와 한시(漢詩)창(唱)을 불러보았다. 그리고 자리를 정리(整理)하고 나서는데 문중에서 이기병 부회장님과 이정명 총무님이 오셔서 정절문(貞節門) 앞에서 함께 기념사진을 찍었다. 이어 우리는 점심시간이 되어 노산당이 예약(豫約)해놓은 김포의 맛집 옛날집으로 이동해 오리와 옻오리백숙으로 맛있는 점심을 먹었다. 오늘도 이렇게 해서 역사탐방을 마치고 오늘의 주인공이신 정간공(貞簡公)의 행적(行蹟)을 다시 떠올리며 오늘의 행사를 마치고, 오전 출발할 때의 송정역과 사당역으로 가실 분들을 나누어 모시고, 김포를 출발해 송정역을 거쳐 서울을 향해 오늘의 행사를 마쳤다.

우인 경우수 씀.

한재사당(寒齋祠堂)에서

세온쉰두 번째 한가락 모임
때 : 4352(2019)년 7월 20일, 토요일, 맑음
곳 : 한재사당 - 경기도 김포시 하성면 가금리

한재사당이란 어떤 곳일까? 李貞簡公 穆(목)의 追慕處이다. 경기도 金浦市(古號: 金陵) 霞城面(하성면) 佳金里에 있다. 江村이 絶景이다. 金剛山과 太白山 샘물줄기가 源泉(원천)이다. 長流의 名勝地인 漢江과 白雲溪谷의 漢灘江(한탄강), 萬景山溪谷 및 九龍江(平康郡)에서 흐르는 江流와 合水한 臨津江은 黃海道 開城과 新溪郡, 香爐峯, 新谷貯水池와 支石川 등에서 發源하여 禮成江을 이루고 西海(黃海)로 合流한다. 길목에 愛妓峰(애기봉) 鳳麓(봉록)이 있다. 아롱진 歷史현장을 탐방한다. 檀紀 4352年(2019) 7月 20日이다.

잊혀지거나 숨어있는 역사현장을 찾아 밝혀온 지 30년의 5회次 東天書塾 同友會이다. 10년이면 江山이 변한다고 한다. 20星霜이 다가오고 있다. 세월은 流水와 같다고 하나, 無常한 歲月이다. 조선조 戊午史禍(무오사화)와 甲子士禍(갑자사화) 및 剖棺斬屍(부관참시)에 얽힌 한 토막이야기이다. 彈劾諫諍(탄핵간쟁)과 伸冤雪恥(신원설치)의 閭門祕史는 祠宇역사에서 특이하고 흥미로운 '寒齋茶亭'이 있다.

살펴 보건데, 朝鮮조(1471, 成宗2년~1498년, 연산군4) 문신, 자는 中甕(중옹), 호는 寒齋, 본관은 전주, '개국공신 伯由(백유)의 후손, 閏生(윤생)'의 아들이다. 金宗直(김종직)의 문인으로 19歲時 進士試에 합격한다. 성균관 儒生으로 있을 때이다. 王大妃가 成均館에 淫祠(음사)를 설치하여 巫堂(무당)을 부르자 이를 쫓아냈으며, 한편 유생을 이끌고 尹弼商(윤필상)을 彈劾

하다가 공주에 付處(부처)되었다. 뒤에 풀려나와 1495년(연산군1), 增廣文科에 壯元, 賜暇讀書(사가독서)를 했고, 典籍으로 宗學司誨(종학사회)를 겸하고 이어 永安道評事가 되었다. 1495년(燕山君4) 戊午史禍(무오사화)에 尹弼商의 모함을 받고 金馹孫(김일손), 權五福 등과 함께 사형되었다. 甲子士禍(1504) 때 다시 剖棺斬屍(부관참시) 되었다가 뒤에 伸冤(신원) 복권되면서 이조판서에 추증 되었고, 공주의 忠賢書院에 祭享(제향)되었다. 諡號는 貞簡이다.

무덥다. 30度를 오르내리는 여름 날씨다. 三三五五 함께한 初行(초행)길에, 文友들은 自家用과 택시 편으로 佳金里를 찾아간다. 거미줄처럼 얽어진 도로는 世界 12권 經濟大國을 증명이라도 하듯이 車輛洪水이다. 集約된 기술은 雨後竹筍의 신도시개발에 여념이 없어 보인다. 名聲 높았던 金陵골 穀倉地帶가 아니던가. 漢江奇蹟의 경제발전과는 逆比例(역비례) 하는 것은 아닌지, 想念에 빠진다.

案內者 '내비게이션'은 길잡이에 萬能이다. 강을 건너니 시원하게 트인 길이 넓은 廣野를 가로지른다. 廣闊한 黃金벌을 뒤돌아보게 한다. 땀에 젖은 모내기 가락은 '農者天下之大本'이라 하였다. 땀방울이 맺은 열매, 가을걷이는 豐饒를 노래하게한다. 지난날들이 창가에서 아롱거린다. 좁은 길, 골목길 구비를 돌고 돌아, 꼬불꼬불 고개를 넘어간다. 愛妓峯(애기봉) 팻말이 반긴다. 休戰線이 가까워질수록 生態界는 살아있었다. 鬱蒼(울창)한 松柏과 맑고 푸른 하늘에 浮雲(부운)과 아우러진다. 키 높이 30미터쯤 되는 銀杏(은행)나무들이 시선을 멈추게 한다. 아름답다. 대자연의 饗宴(향연)이다. 이곳에 함께한 紅箭門(홍살문)이 肅然해진다. 丹靑祠堂과 瓦屋들이 우뚝 솟아있고 古風스럽다. 구름과 노을에 싸인 산봉우리들이 저 멀리에서 손짓을 한다. 바다위에 떠있는 섬처럼 보인다. 첩첩산골의 그림자 같은 仙境이다. 絶景이다.

솔바람이 시원하게 불어온다. 다락에 오른다. 蓮華(연화)池의 붉고 하얀 꽃바람은 땀을 씻어준다. 墓園(묘원)에있는 '寒齋茶亭(한재다정)'이다. 風流人에게는 안성맞춤이다. 全香阿 作家는 음료와 다과를 준비한다. 다락을

에워싼 짙은 향기에 南風이 산들산들 불어온다. 軟綠色 茶園에 물결이 인다. 先人들의 멋을 일깨워준다. 中觀 崔權興 선생의 강론에 이어 騷人墨客들의 音韻(음운)이 울린다. 詩人이요, 詩唱 심사위원인 洪永杓 박사가 先唱을 한다. 회원들의 韻律은 寂寞을 깨뜨린다. '茶亭風月'의 饗宴이다.

時調는 賡歌(갱가; 선창을 하면 노래를 서로 이어부름)로 이어지고 七言律詩는 次韻으로 이어진다. 風月主人이 따로 없다! 淸風明月의 鼓笛(고적)은 詩想으로 머물게 한다. 짙은 연꽃향기에 강바람 불어오고, 茶話(다화) 饗宴은 甘食시간을 놓치게 한다. 계약한 식당에서 전화벨이 요란하다.

역사는 기록하고 전한다. 中國正史(중국정사)의 東夷傳(동이전)에 다음과 같은 글귀가 있다. "東夷率皆土着(동이솔개토착)하야 憙飮酒歌舞(희음주가무)하고 或冠弁衣錦(혹관변의금)과 器用俎豆(기용조두)라. 所謂中國失禮(소위중국실례)면 求之四夷者也(구지사이자야)"라고 하였다. 즉, '土着民(토착민)으로 東夷族은 飮酒歌舞(음주가무)를 즐기고 中國이 禮를 잃으면 求하기를 四夷사람들에게서'라고 하였다. 孔子는 물음에 答하기를 "信也! 믿는 다. 믿을 만하다"라고 史錄은 전한다. 애기봉 산기슭에 울리는 노래는 東夷族의 전통이요 底力이다. 紅箭門 경내의 墓園[貞簡齋(정간재), 寒齋祠堂(한재사당)]에 자리한 '寒齋茶亭'은 唯一한 "茶亭(子)"문화의 事跡이 아닐까?

전하기를 '茶父(다부) 寒齋李穆의 茶道'라 하고 "기뻐서 茶를 노래하노라"에서 저자(박남식)는 다음과 같이 '詩글'을 책(366쪽)으로 전하고 있다. 글 가운데 "茶六德(다육덕)"이라는 말이 있다. '나는 차(茶)에 六德이 있음을 뒤에 알았노라. 사람으로 하여금 長壽(장수)하게 하니 帝堯(제요)와 大舜(대순)의 德을 갖춘 것이요. 사람으로 하여금 병을 고치게 하니 兪跗(유부)와 扁鵲(편작)의 德이 있는 것이요. 사람으로 하여금 기를 맑게 함에 伯夷(백이)와 楊震(양진)의 덕을 갖춤이요. 사람으로 하여금 마음을 편안케 하니 二老나 四皓(사호)의 덕을 갖춤이요. 사람으로 하여금 신선이 되게 하니 皇帝(황제)나 老子(노자)의 덕을 갖춤이요. 사람으로 하여금 예를 표할 수 있게 하니 姬公(희공)과 仲尼(중니)의 덕을 갖춤이라'고 하였다. 原文(원문)

은 "吾然後知, 茶之又有六德也"라. 使人壽脩, 有帝堯大舜之德焉. 使人病已, 有兪附扁鵲之德焉. 使人氣淸, 有伯夷楊震之德焉. 使人心逸, 有二老四皓之德焉. 使人仙, 有皇帝老子之德焉. 使人禮, 有姬公仲尼之德焉.이라고 하였다.

寒齋 李穆은 風流와 깊은 學識을 갖추었을 뿐 아니라 松柏志行의 儒士임을 엿볼 수 있다. 而立에 생을 마감한 貞簡公의 절의와 忠國氣槪는 후인들의 귀감이요. 숭앙함이다. 愛妓峰 鳳麓에 서려있는 뜻 깊은 歷史 探訪이다. 長江灣曲(장강만곡) 餘韻과 錦繡江山 事跡을 일깨워주는 기회가 되었다. 現代史의 象徵 漢江奇蹟을 되새겨본다. 故事, 杏壇(행단). 杏林(행림). 槐木(괴목) 木葉의 金陵골에서 '茶亭風月'을 읊고 새기고 한 알찬 하루였다.

가산 임봉훈 씀.

353. 저헌재(樗軒齋)에서

서라벌 사나이라
남달리 살아얀다

누구를 위한다면
아까움 있겠느냐

따르는 가시네들도
보았으리 넉넉함

최 중 관

▲저헌재

▲ 저헌공묘 앞에서

▲ 저헌공 송덕비

▲ 저헌공 공부를 하며

353. 樗軒齋(저헌재)

樗軒齋在京畿道金浦市霞城面佳金里朴樗軒公追慕處
저 헌 재 재 경 기 도 김 포 시 하 성 면 가 금 리 박 저 헌 공 추 모 처

也公諱信字敬夫號樗軒又雪峰系雲峰朴氏也赫居世四
야 공 휘 신 자 경 부 호 저 헌 우 설 봉 계 운 봉 박 씨 야 혁 거 세 사

十世諱仲華爲始祖即公曾祖麗朝都僉議贊成事封雲峰
십 세 휘 중 화 위 시 조 즉 공 증 조 여 조 도 첨 의 찬 성 사 봉 운 봉

君祖諱桂芳贊成事謚忠貞考諱之誼贈議政府左贊成妣
군 조 휘 계 방 찬 성 사 시 충 정 고 휘 지 의 증 의 정 부 좌 찬 성 비

森溪周氏學士士雍女以高麗恭愍王十一年壬寅生公稟
삼 계 주 씨 학 사 사 옹 녀 이 고 려 공 민 왕 십 일 년 임 인 생 공 품

性寬厚風度魁偉爲圃隱門人二十四歲文科官至議政府
성 관 후 풍 도 괴 위 위 포 은 문 인 이 십 사 세 문 과 관 지 의 정 부

贊成事世宗二十六年甲子閏七月十二日卒享八十三也
찬 성 사 세 종 이 십 육 년 갑 자 윤 칠 월 십 이 일 졸 향 팔 십 삼 야

贈領議政謚惠肅也繕工監提調時以官吏不法謫通津十
증 영 의 정 시 혜 숙 야 선 공 감 제 조 시 이 관 리 불 법 적 통 진 십

三年其甲串爲往來者捐財産勤率鄕人以聚石爲路也嘗
삼 년 기 갑 곶 위 왕 래 자 연 재 산 근 솔 향 인 이 취 석 위 로 야 상

按廉關東愛江陵妓紅粧一日巡歷諸郡而還府尹趙石澗
안 렴 관 동 애 강 릉 기 홍 장 일 일 순 력 제 군 이 환 부 윤 조 석 간

云仡詿曰紅粧已仙去矣公悼念不已石澗邀公出遊鏡浦
운 흘 괘 왈 홍 장 이 선 거 의 공 도 념 불 이 석 간 요 공 출 유 경 포

臺密令紅粧盛飾又別具畫船徐入浦口徘徊石澗謂公曰
대 밀 령 홍 장 성 식 우 별 구 획 선 서 입 포 구 배 회 석 간 위 공 왈

此地有古仙蹟花朝月夕人或見之哉嗚呼趙朴之交讚曰
차 지 유 고 선 적 화 조 월 석 인 혹 견 지 재 오 호 조 박 지 교 찬 왈

末伏已過秋氣齊　金陵深谷一丘韭
말 복 이 과 추 기 제　김 능 심 곡 일 구 규

飛檐瓦屋丹青好　方墓姬荷草石萋
비 첨 와 옥 단 청 호　방 묘 희 하 초 석 처

作路出捐安百姓　提調連吏値流陛
작 로 출 연 안 백 성　제 조 연 리 치 유 폐

庭前老木歡京客　齋內幽香雙手擕
정 전 노 목 환 경 객　재 내 유 향 쌍 수 휴

353. 저헌재(樗軒齋)

저헌재는 경기도 김포시 하성면 가금리에 있다.

박저헌공을 추모하는 곳이다.

공의 휘는 신, 자는 경부, 호는 저헌이며, 또 설봉이다.

계파는 운봉박씨이다. 혁거세 40세 휘 중화공이 시조이다. 즉 공의 증조이시다. 여조에 도첨의 찬성사 운봉군에 봉해졌다.

조의 휘는 규방이요, 찬성사이다. 시호는 충정이다.

고의 휘는 지의요, 의정부 좌찬성이다. 어머니는 삼계주씨 학사 사옹의 딸이다. 고려공민왕 11년 임인년생이다. 품성이 너그러워 풍모가 컸다. 포은의 문하에서 24세에 문과하여 벼슬이 의정부 찬성사에 이르렀다.

세종 26년 갑자 윤7월 12일에 돌아갔다. 향년 83세였다.

영의정을 증직 받았다. 시호는 혜숙이다. 선공감제조 때에 관리 불법

으로 통진으로 귀양갔다. 13년 동안에 그 갑곶을 왕래하는 자들을 위하여 재산을 덜어서 향리 사람들을 거느리고 그들을 위해서 돌을 취하여 길을 만들어 주었다.

일찍이 관동안렴사가 되어, 강릉기녀 홍장을 사랑했었다. 하루는 고을을 순찰하고 돌아가는 길에 부윤 조석간 운흘이 말하기를, 홍장이 이미 신선이 되어 떠났소이다 했다. 공이 슬픔을 그칠 수가 없었다. 석간이 공을 경포대로 나아가 유람하게 하였다.

홍장을 잘 꾸미게 하여놓고 또 배에 그림을 그려 꾸며놓고, 서서히 포구로 들어가 배회하게 하였다. 석간이 공에게 일러 말하기를, 이 땅엔 옛 신선의 자취가 있는데, 아침엔 꽃이 되고 저녁에 달이 뜨면 사람이 있어, 혹 보았다 했다. 오호라 조와 박의 사귐이로다.

기려 노래하노니,

말복이 이미 지남에 가을기운이 가지런한데
금릉 깊은 골에 한 언덕이 환하구나.
나는 듯 한 처마 기와집 단청이 고운데
방분의 무덤은 부인을 뒤로 업고 초석이 듬직하구나.
재산을 내어 길을 만들었으니 백성이 편안하고
제조 때에 연루되어 유배를 당했도다.
뜰 앞의 늙은 노목이 서울 손을 반기고
재실 안의 그윽한 향기 두 손으로 끄는구나. 전

사람들 마음 읽어
뺄밭길 돌로 쌓고

될수록 낮아지는
몸에 밴 믿음직함

다르게 품어본 사랑
노리개가 아니다

욕천 최장호

꽃배를 띄워놓고
놀리자 꾸미는 벗

둘 없는 사나이들
술 맛이 달디 달다

나울에 퍼지는 웃음
갈매기는 춤추고

노산당 전향아

서라벌 박넝쿨이
믿음직 스러워라

이곳에 뿌리 내려
베풀기 다했구나

넉넉함 보았기에들
뒤 따르던 아낙네

갑고 홍영표

크고도 넓은 마음
넉넉한 마음 씀씀

오가는 길 내어서
덜어준 백성 시름

사랑도 품을 줄 아는
멋진 사내 아닌가

안일당 이원희

나달이 깊을수록
그리움 살아난다

꿈인 듯 눈앞에서
꽃 웃음 짓는 그녀

벗들이 마련한 자리
나이 잊고 웃었네

설전 임준신

겉모습 훤칠하고
속마음 굳고 굳어

이웃을 돕는다면
내 것도 풀어 돕고

글 솜씨 또한 빛나서
길이길이 전하네

우인 경우수

박(朴)넝쿨 계림(鷄林)사람
청구(靑丘)골 터 잡았네

애기봉(愛妓峰) 있었던 일
봉황새 지저귄다

푸른 숲 신선장단(神仙長短)이
따라오라 손짓해

가산 임봉훈

녁녁한 마음이라
먹은 맘 넒고 크다

돌 모아 길을 내어
온 고을 시름 덜은

애틋한 사랑을 품은
사내 중의 사나이

오남 이종관

그리워 보고픔에
아픔이 몸과 마음

아련히 나타난 배
눈부신 선녀인 듯

하늘로 갔다던 임을
다시보네 내 사랑

서천 조경휘

樗軒齋

安逸堂 李元熙

梧月金陵秋氣齊 霞城深谷野花黈
古家懸板碧書美 方墓陛邊青草萋
橋架爲民來往路 提調冤罪遠流陞
庭中香木京賓迓 朴閥稱聲代代携

7월에 김포는 가을 기운이 감도는데
하성의 깊은 고을엔 들꽃이 노랗도다.
고가의 현판에 글씨가 아름답고
방묘의 계단 주변엔 푸른 풀이 무성하도다.
백성을 위하여 다리 놓아 길을 만들고
제조의 모함으로 유배의 옥살이를 하였도다.
뜰 가운데 향나무가 서울 손을 맞이하는데
박씨 문중 칭찬의 소리가 대대로 들리도다.

樗軒齋

佳山 任奉壎

灣入金陵夕景齊 深溪齋室落霞鮭
愛妓嶂麓青丘處 姣士方墳綠蔭萋
新巷開通槐葉謫 古今流配樹林陛
花朝月夕仙緣必 趙朴之交永世携

바닷물 流入되는 김포에서 夕景을 함께하는데
깊은 계곡의 저헌재 재실은 황색노을이 곱구나.
애기봉 산기슭에는 신선이 사는 곳이라 하는데
지혜로운 선비의 方墳에는 녹음이 우거져 있구나.
새로운 거리를 개통하니 公卿들이 謫仙하는데
고금을 통해 流配되는 감옥은 우거진 숲이로다.
꽃피는 아침 달 밝은 밤의 인연은 必有曲折 있음에
府尹과 雲峰君의 親交는 영세토록 携扶하리다.

---

1) 青丘: 신선이 산다는 땅. 별이름. 우리나라의 別稱으로 쓰임. 또, 東方이라는 뜻이 있음.
2) 謫仙: 人間 世界에 귀양온 神仙(超凡絶群 한 詞才가 있는 사람. 李白. 蘇軾을 稱讚하여 일컬음).

樗軒齋

梧南 李鍾寬

秋晩江村秋色齊 金陵深谷欂楓黊
古齋堞裡黃花發 方墓階邊綠草萋
在官善治安郡衆 提調冤罪繫流陛
山門疑視老僧立 鏡浦幻中紅妓携

늦가을 강촌에 추색이 가지런한데
김포 깊은 골에 단풍 빛이 노랗게 물들었도다.
옛 재실 담장 안에 국화가 피었고
방묘 계변에 푸른 풀이 우거졌도다.
벼슬에 나가 착한 정치를 하니 모든 군민이 편안하고
제조로 모함을 당하여 원통한 옥살이를 하였도다.
산문은 노승이 서있는 곳으로 의심되었고
경포에서 환상 중에 홍기손을 잡았도다.

樗軒齋

抒濟 趙京彙

流火暴炎颸快齊 金陵幽處一墳黈
久生學木迎賓逴 永立形人侍主萋
忽會舴浮痊洽愛 作損矼築惜屯隉
憐情交合乾坤理 忘我爲他世俗攜

7월 폭염에 가벼운 바람 상쾌하고 가지런한데
김포 그윽한 곳에 한 묘가 노랗다.
오랫동안 자라온 학생나무 손님을 맞이함이 뛰어나고
영구히 서있는 돌사람은 주인 모심이 아름답다.
홀연히 조그마한 배에서의 만남은 사랑이 합쳐 병이 나음이요
재산 받쳐 돌다리를 놓으니 유배처 은둔의 애석함.
사랑하는 마음의 교합은 천지간에 이치고
나를 잊고 남을 위함은 세속의 끌림이라.

---

1) 流火 : 음력 7월.
2) 學木 : 향나무 이름.

저헌재(樗軒齋)에서

세온쉰세 번째 한가락 모임
때 : 4352(2019)년 8월 17일, 토요일, 비온 후 개임
곳 : 저헌재 - 경기도 김포시 하성면 가금리

8월 17일도 역시 매월 첫째 주 토요일 아침 10시에 늘 그랬듯이 출발하는 오늘의 역사 탐방하는 날이다. 송정역에 회원들이 하나둘 모여들었다. 又仁 회장의 자동차 1대로 中觀선생님과 일부 회원님을 모시고 가고, 남은 회원들은 택시 1대 잡아타고 간다. 오늘은 빗방울이 내린다. 곧 그칠 것 같은 날씨다.

올해는 날씨도 정말 이상하다. 8월 초에서 중순까지 벌써 3개의 태풍이 연이어 발생하였고 바로 역사탐방 하루 전날 모두 소멸되었다. 제8호 태풍 '프란시스코'와 제9호 태풍 '레끼마', 제10호 태풍 '크로사'가 한반도에 영향을 주었고, 특히 태풍 '레끼마'가 중국 동남부의 저장성 일대를 지나면서 다수 인명피해와 많은 이재민을 남기고 갔다. 8월 태풍은 일시적인 여름 폭염을 식히는데 도움을 주었지만, 한꺼번에 세 개가 각각 다른 방향으로 제8호는 한반도로 제9호는 서해로 그리고 제10호는 동해로 연이어 통과했고 이상기후의 영향이 아니기를 바란다. 올 8월은 물이 풍성한 달이라 맥문동이 이렇게 보랏빛 꽃잎이 참 앙증스럽다. 마치 자줏빛을 꿰어낸 모습〔紫串〕이 여름 나들이객을 반기는 듯하다. 곧 개발로 사라질 서울의 이곳저곳에 부지런한 주인은 간데없고 빳빳한 줄기에 붙은 부추꽃이 작은 별처럼 하얗게 여름을 담아내고 있다. 사람이 없어도 세월은 검은 결실을 맺기를 원한다. 그리고 오늘 갈 곳도 사라지지 않을 전설이 하나 남아 지금까지 전하고 있다. 마치 꽃이 피고 씨앗 맺고 다시 꽃이 피는 전설, 두 사람의

넋은 죽어서도 살아남아 있다. 樗軒齋는 朴信과 紅粧의 애절한 사랑이야기를 남긴 주인공을 모신 곳이다. 樗軒公은 또한 甲串나루 船着場 石築路를 사비로 쌓았다. 강화읍 갑곶리와 김포군 월곶면을 배로 잇는 船着場을 이용하는 마을사람의 편의를 위해 큰 선행을 행한 분이 묻힌 곳이기도 하다.

樗軒齋입구 삼거리에는 한강철책길 3코스 평화누리길, 朴信墓域 푯말이 있다. 11시 15분경 이곳에 도착했고 문중어르신을 기다린다. 곧 오신 문중어르신 안내를 받아 11시 24분경에 樗軒公의 墓所에 오른다. 中觀선생님을 비롯하여 회원들은 樗軒公의 묘소에 참배를 하여야 하나 연세가 많은 관계로 간단한 묵념으로 대신하기로 하였다.

方墳인 묘소 앞에서 바라보면 바로 아래 學木인 향나무 두 그루가 公이 떠난 자리를 우두커니 그 자리를 지키고 있다. 깨우침을 주는 향나무 學木은 樗軒公이 심은 나무로, 심성이 악하거나 어질지 못한 사람, 행동이 불미한 사람이 이곳에서 공부하면 어질고 착한 사람으로 거듭나 배움에만 전념하게 된다고 하여 학문을 닦기 위해 딱 좋은 곳이라 한다. 지금도 여럿 학교에서 정원수로 향나무, 측백, 편백, 화백 등의 나무를 심는 이유도 이러한 까닭으로 사랑을 받고 있다.

11시 35분경에 公에 대한 공부를 하기 위해 내려와 커다란 雲峰頌德碑를 잠깐 보고 안내에 따라 樗軒齋로 들어갔다. 문중어르신과 정식 인사를 나눈 다음 중관선생님이 준비하신 자료로 이내 公에 대한 공부를 바로 이어갔다. 樗軒公의 묘소는 金浦市 霞城面 佳金里에 모셔졌고, 公의 諱는 信이며 字는 敬夫이고, 號는 樗軒, 雲峰 등이 있고 謚號는 惠肅로 雲峰朴氏이다. 圃隱 鄭夢周의 문인으로 24세에 문과에 급제하고 두루 여러 관직을 옮겨 다니며 특히 關東지역 按察使 시절에는 강릉기생 紅粧을 만나 애틋한 사랑의 여운을 남기고 갔고, 아직도 강원도 鏡浦臺주변에는 홍장암, 홍장고사 등 전설이 전해지고 있다. 옛 선조들의 풍류정신을 다시 한 번 뚜렷이 회상하게 한다. 그리고 이곳 通津縣에 살면서 마을사람들이 배를 타고 내리는 오가는 사람들의 편의를 위해, 月串面에 甲串나루 船着場 石築路를 자비로 쌓아 큰 선행을 베풀었다. 公에 대한 風流정신과 헌신적인 奉仕정신을 이곳에서 똑바로 배우고 가게 되었다.

中觀선생님이 지은 시조와 七言律詩를 이어 부르고 樗軒公에 대한 모든 공부를 짧게 마치고 깊은 배움에 한걸음 다가선 듯하다.

13시 10분경 지난번 역사탐방길에 갔던 옛날집 식당주인이 직접 예약 손님을 모시러 왔다.

지난번처럼 닭백숙과 오리백숙으로 8월 태풍이 지나간 자리에 다가오는 무더위를 슬기롭게 이기리라고 본다.

식사를 다 마치고 다시 집으로 가기 위해 又仁 회장의 자동차 1대로 中觀선생님과 일부 회원님을 모시고 가고, 남은 회원들은 옛날집 식당주인이 다시 가까운 버스정류장에 내려주시니 역시 고마울 따름이다.

욕천 최장호 씀.

354. 표충사(表忠祠)에서

아버지 아들에게
무엇을 이르리요

깨끗이 살아가며
마다한 높은 벼슬

모두들 보고 자라면
어디가랴 그 사랑

최중관

▲ 표충사

▲ 표충사 앞에서

▲ 경정공묘

▲ 경정공 공부를 하며

354. 表忠祠(표충사)

表忠祠在京畿道金浦市霞城面顚流里閔景靖公別廟也

표 충 사 재 경 기 도 김 포 시 하 성 면 전 유 리 민 경 정 공 별 묘 야

公諱仁伯字伯春號苔泉驪興人也高祖諱孝誠司憲府監

공 휘 인 백 자 백 춘 호 태 천 여 흥 인 야 고 조 휘 효 성 사 헌 부 감

察曾祖諱世珪僉正祖諱宗胤掌苑署主簿考諱思權司僕

찰 증 조 휘 세 규 첨 정 조 휘 종 윤 장 원 서 주 부 고 휘 사 권 사 복

寺正妣西河盧氏以朝鮮明宗七年壬子正月生公自幼穎

시 정 비 서 하 노 씨 이 조 선 명 종 칠 년 임 자 정 월 생 공 자 유 영

悟受業母夫人日開月益至文詞亦卓然爲牛溪先生門人

오 수 업 모 부 인 일 개 월 익 지 문 사 역 탁 연 위 우 계 선 생 문 인

二十二歲中司馬三十三歲文科壯元己丑以鎭安縣監捕

이 십 이 세 중 사 마 삼 십 삼 세 문 과 장 원 기 축 이 진 안 현 감 포

賊汝立陞禮曹參議推忠奮義協策平難功臣上特頌微爾

적 여 립 승 예 조 참 의 추 충 분 의 협 책 평 난 공 신 상 특 송 미 이

人盡非之句以褒之賜田民封驪陽君甲辰以世子冊封使

인 진 비 지 구 이 포 지 사 전 민 봉 여 양 군 갑 진 이 세 자 책 봉 사

朝天陞禮曹判書仁祖四年丙寅三月十日卒享年七十五

조 천 승 예 조 판 서 인 조 사 년 병 인 삼 월 십 일 졸 향 년 칠 십 오

也墓在通津比兒山先代墓域亥坐贈崇政大夫議政府左

야 묘 재 통 진 비 아 산 선 대 묘 역 해 좌 증 숭 정 대 부 의 정 부 좌

贊成謚景靖有文集二卷也配溫陽鄭氏監察姬隣女雙封

찬 성 시 경 정 유 문 집 이 권 야 배 온 양 정 씨 감 찰 희 린 여 쌍 봉

後配溫陽蘇氏墓在石灘里也公以文章大才早捷大科嘗

후 배 온 양 소 씨 묘 재 석 탄 리 야 공 이 문 장 대 재 조 첩 대 과 상

斂跡自守畏避名道曰吾雖不以問學見稱於師門然平生
렴적자수외피명도왈오수불이문학견칭어사문연평생

未嘗萌仕進之心者恐負所學矣公卒之日家無儋石之資
미상맹사진지심자공부소학의공졸지일가무담석지자

公可謂不負先生之敎也公長男垶司直孝友克類丙子胡
공가위불부선생지교야공장남성사직효우극류병자호

亂當三田渡悲運司直公呼出集合全家族於天登寺一時
란당삼전도비운사직공호출집합전가족어천등사일시

殉節十三人也卽司直公與妾禹氏及庶娣及男三之內外
순절십삼인야즉사직공여첩우씨급서제급남삼지내외

及女四也時仁祖十五年丁丑正月二十四日也司直公次
급여사야시인조십오년정축정월이십사일야사직공차

男之鈺內外大科準備次江原道妻家寓居不參於是慘狀
남지옥내외대과준비차강원도처가우거불참어시참상

甚忸慚也斷仕進之念杜門不出承祖先之業補修毁亭當
심육참야단사진지념두문불출승조선지업보수훼정당

時司直公春秋五十二子婦二十代也嗚呼一家十三殉節
시사직공춘추오십이자부이십대야오호일가십삼순절

兮東西古今何有哉殉節崑崗也哉讚曰
혜동서고금하유재순절곤강야재찬왈

南呂秋分山野佳 金陵古道江邊街
남여추분산야가 금능고도강변가

紅門庭內新旌閣 瓦屋單間嚴廟齋
홍문정내신정각 와옥단간엄묘재

閔閥家風淸節繼 高官辭讓謙恭差
민벌가풍청절계 고관사양겸공차

子孫固守傳承裏 丁丑年悲能克諧
자손고수전승이 정축년비능극해

354. 표충사(表忠祠)

표충사는 경기도 김포시 하성면 전유리에 있다.

민경정공 별묘이다.

공의 휘는 인백이요, 자는 백춘, 호는 태천, 여흥인이다.

고조의 휘는 효성이요, 사헌부감찰이다.

증조의 휘는 세규요, 첨정이다.

조의 휘 종윤이요, 장원서주부이다.

고의 휘는 사권이요, 사복시 책임자이다.

어머니는 서하노씨로 조선 명종 7년 임자년 정월에 공을 낳았다.

어려서부터 영특하여 빼어났고, 어머니께 수업을 받았다.

날마다 열리고 달마다 더욱 진보하였다.

글 짓고 말하는 실력이 탁월하였다.

우계선생의 제자가 되었다.

22세에 사마시에 합격하고, 33세에 문과에 장원하였고, 기축년에 진안현감이 되어, 도적 정여립을 체포하여 예조참의에 올랐다.

추충, 분의, 협책, 평난 공신이 되었다.

임금께서 특별히 기리는, '미이인진비' '네가 아니면 사람들이 큰 일 날 뻔하였다.'라고 글을 써서 주셨다.

밭과 백성을 주었으며, 여양군이라 군호를 주었다.

갑진년에 세자를 책봉하여 중국으로 가서 알리게 하여 사신으로 갔었다.

예조판서에 올랐다.

인조 4년 병인년 3월 10일에 돌아가시니 향년 75세이다.

묘소는 통진 비아산 선대의 묘역 해좌에 있다.

숭정대부 의정부 좌찬성을 증직 받았다.

시호는 경정이다. 문집 2권이 있다.

부인은 온양정씨로 감찰 희린의 딸이다.

쌍봉으로 모셨다.

둘째부인은 온양소씨이다. 묘소는 석탄리에 있다.

공은 문재가 탁월하여 일찍이 대과에 올랐다.

일찍이 자취를 거두고 스스로 지키면서 이름나기를 피하고 두려워하였다.

말하기를, 나는 비록 스승의 문하에서 공부를 하면서 평생토록 벼슬하고자 하는 마음이 생겨나, 배운 바를 배반할까 두려웠다.

공이 돌아간 날에 집안에는 한 섬의 밑천도 없었다.

공은 가히 선생님의 가르침을 등지지 않았다.

공의 장남 성은 사직으로 효도하며 우애가 깊어 착함을 뛰어넘었다.

병자호란에 삼전도의 비운을 당하여 슬픔을 이기지 못하여 사직공이 호출하여 온 식구들을 천등사로 집합시켰다.

천등사에 올라 일시에 순절하니 모두 13인이다.

즉 사직공과 처 우씨 및 서제, 그 외 세 아들 내외와 딸 넷이다.

때는 인조 15년 정축년 정월 24일이다.

사직공의 차남 지옥은 내외와 과거 준비차 강원도 처가에 머물러 불참하게 되었다.

참여하지 못함을 심히 부끄러워하였다.

벼슬에 나갈 생각을 버리고 두문불출하였다.

조상의 업을 이어받고자 훼손된 정자를 보수하였다.
당시 사직공의 춘추 52세요, 자부들은 20대이었다.
오호라 한집안 나라를 위하여 함께 죽은 13인이여
동서양 고금 통틀어 어디엔들 또 있을 것인가.
순절함이여 곤강산 봉우리보다 더 높음이로다.
기려 노래하노니,

음 8월 추분 때 산과 들이 아름다운데
금릉 가는 옛길은 강변에 거리로다.
빨간 홍살문 뜰에 새로 지은 정각이 있고
한 기와집에 엄숙한 기운의 단 칸 집이로다.
민씨 문중의 가풍은 맑은 충절을 이었고
높은 벼슬은 사양하고 겸손을 키웠도다.
자손들이 대대로 굳게 지켜 내려오는 속에
정축년 슬픔을 능히 어울려 함께 하였도다. [전]

가뭄에 휘말린 곳
이끈다 슬기롭게

어디에 이름 댈까
아무도 하지 않음

빼살은 속일 수 없듯
드러낸다 끈끈히

욕천 최장호

아버님 부르심에
열세 명 모여 앉아

하늘도 울게 했던
그 날의 모든 일들

보아라 젊은 가슴아
이게 바로 나라다

노산당 전향아

내라서 아비 되어
아들게 하고픈 말

세상에 무서운 건
가르침 어기는 일

맞도록 이를 가르쳐
모두에게 남길터

갑고 홍영표

가을빛 서성이는
바닷가 붉은 뜰 앞

누누이 깨끗하게
올곧게 살라던 뜻

뒷날에 큰 집안 이뤄
자랑스런 이은이

안일당 이원희

나라를 잃었으니
하늘을 어이 보랴

모여라 아들딸들
내 뒤를 따르거라

꽃 되어 뛰어내리니
하늘땅도 울었다

설전 임준신

쌓은 덕 크고 크나
벼슬은 놓아두고

아들들 그 뜻 이어
누누이 이어가며

가르침 받들어 가니
남은 자취 어마해

우인 경우수

옛 애기 깜짝 놀라
전유리(顚流里) 멈춰 섰다

순절(殉節)한 열세 가족(家族)
할애비 결 함께해

그 마음 누가 이을 고
나라사랑 하나 뿐

가산 임봉훈

어머니 가르침에
슬기로 거듭났네

나라의 큰 슬픔에
온 집안 함께하니

올곧은 깨끗한 삶이
벼리되리 모두에

오남 이종관

남들이 알아볼까
그 자취 거둬들고

아들도 다름없이
저승길 모두 함께

나라는 어려움 속에
굳세도다 선비길

서천 조경휘

表忠祠

安逸堂 李元熙

雲月秋分秋色佳 金陵古道海邊街
紅門庭裏嚴旌閣 蒼屋單間肅廟齋
父職功臣清儉赫 子從殉義順恭差
一家死節介堅守 閔閥讚聲千代諧

8월 추분에 가을빛이 아름다운데
김포 옛길의 해변길이로다.
홍살문은 뜰 속에 엄정한 정려각이 있고
기와집 단칸에는 정숙한 사당재실이 있도다.
아버지는 공신으로 청렴과 검소함이 빛나고
자손은 의에 죽어 공변을 택하였도다.
일가가 절의를 지켜 큰 굳은 의를 지켰으니
민씨 가문의 칭송이 천대에 함께하리로다.

表忠祠

佳山 任奉壎

江岸顚流里巷佳 閑雲共筆表忠街
霞城地久旌褒閣 淨刹天登純廟齋
胡亂殺身悲史顧 盟鷗死士愛邦差
風花雪月探歌裡 閔閥餘薰永世諧

顚流里의 漢江 언덕은 아름다운 마을길 거리인데
한가로운 구름과 함께하는 筆耕의 表忠 街道로다.
天長地久의 하성에는 銘旌 기리는 樓閣이 있는데
淨土寺刹의 天登寺에서 殉節하니 사당집이로다.
丙子胡亂 때 殺身成仁한 悲事를 뒤돌아보게 하고
盟驅 決死를 한 선비는 나라 사랑한 選擇이었다.
四季節의 뛰어난 景致 속에 더듬어 찾아 노래하니
驪興 閔閥의 사라지지 않는 향기 영세토록 和同하리다.

表忠祠

梧南 李鍾寬

桂月秋分秋景佳 金陵古道水邊街
紅丹柱裡新旌閣 青赤檐端故廟齋
父錄功臣輝若赫 子成殉義懿然差
一家死節十三艶 閔閥英譽千世諧

팔월 추분에 가을 경치 아름다운데
김포 옛길은 물가를 따랐구나.
붉은 홍살문 안에 새로이 정려각이 서고
단청한 처마 끝에 옛 사당이 정결하도다.
애비는 공신에 올라 빛나고 빛나는데
아들은 의연히 순절하는 길을 택하였도다.
한 집안의 열세 분이 절의를 지키는 아름다움이여
민씨 집안의 꽃다운 이름은 천세토록 이어지리로다.

---

1) 桂月 : 음력 8월의 이칭.
2) 金陵 : 김포의 고호.

表忠祠

抒滐 趙京彙

熱却畓黃天地佳 金陵江側導墳街
紅門迎客祠堂肅 綠草包園墓界齋
父斂跡名廉志固 子呼家率殉忠差
傳承儒雅何人擧 閔閥唯矜世上諧[12]

더위는 물러나고 논은 황금빛 천지가 아름다울 때
김포 강변 무덤으로 인도하는 길.
홍살문은 손님을 맞이하고 사당은 엄숙
녹색 풀은 동산을 감싸고 묘역은 가지런하다.
아버지는 행적과 이름을 감추어 청렴한 뜻을 견고히 하고
아들은 병자호란에 전 가솔과 죽음으로 충성 남과 다르네.
바른 유학을 전승함에 누구를 거론 하리오
민씨 집안 자랑은 세상과 같이하네.

---

1) 儒雅 : 바른 유학.

표충사(表忠祠)에서

세온쉰네 번째 한가락 모임
때 : 4352(2019)년 9월 21일, 토요일, 맑음
곳 : 표충사 - 경기도 김포시 하성면 현유리

多忙한 結實의 季節이다. 崇祖의 달이요, 民族의 大名節인 仲秋節이 지났다. 8일째이다. 秋分을 3일 앞두고 있다. 오늘은 동아리의 역사탐방을 하는 날이다. 이른 새벽길에 집을 나선다. 김포시 霞城面 전유리(顚流里)에 있는 표충사(表忠祠)를 찾아간다. '表忠寺'가 아닌 '表忠祠'이고 '霞城面 顚流里'라는 漢字가 興味를 더해준다.

'가람' 아리수의 아름다운 江邊이다. 물안개 絶景이 유혹을 한다. 漢江과 臨津江이 合水하고 西海바다의 밀물과 썰물이 共存하는 곳이다. 바다같이 넓은 江幅의 漢江과 臨津江 下流이다. 首都 서울을 東西로 가로질러 흐르는 漢江은 金剛山과 太白山 자락이 源泉이다. 먼동이 트는 한강은 아리수를 붉게 물들인다. 하늘의 찬란한 별빛처럼 세파(細波)에 너울 그리며 새벽길을 재촉한다.

상쾌(爽快)한 아침이다. 漢江을 건너간다. 전향아(全香阿) 作家가 읊은 '漢江十二曲'이 떠오른다. 아침햇살을 벗 삼고 홍을 그리며 新亭네거리에 하차한다. 10시가 지났다. 會員들은 東西南北에서 모여든다. 역사탐방 모임이다. 언제나 그러하듯이 서로 반갑게 人事를 나눈다. 檀紀 4352(西紀 2019)年 9월 21일이다.

'한가락' 동천서숙(東天書塾) 會員이다. 옛 향교(鄕校)를 뛰어넘어 성균관처럼 사서삼경(四書三經)을 필두로 고문진보(古文眞寶), 동문선(東文選), 중국정사중적조선사료(中國正史中的朝鮮史料), 삼국사기, 삼국유사(三國遺

事), 고려사절요(高麗史節要), 환단고기(桓檀古記), 규원사화(揆園史話), 고려도경(高麗圖經), 어우야담(於于野談)과 통감(通鑑) 등 그밖에 다양한 사서(史書)를 공부하고 연구한다. 同人誌 30년차 6회(354회)의 出版을 위하여 會員들은 오늘도 東奔西走한다.

뒤돌아보면 땅 끝 섬 마라도(馬羅島)와 한라산, 지리산, 홍도, 흑산도, 독도, 울릉도(鬱陵島), 태백산, 동서남해안(東西南海岸)을 비롯하여 금강산 구룡폭포(九龍瀑布)와 三日浦, 開城 박연폭포(朴淵瀑布), 중국 절강성(浙江省) 山東省 곡부(曲阜), 동북삼성(東北三省)의 高句麗遺蹟地와 압록강, 두만강(豆滿江, 圖們江), 백두산 천지, 장백폭포(長白瀑布), 천문봉(天文峰) 등 역사 현장을 샅샅이 살피고 배달 民族史를 確認하고 記錄하여 왔다. 切實한 行事였다. 收穫의 季節이라고 할까.

車輛에 分乘하고 顚流里를 찾아간다. 한강! 기적의 한강. 강변 따라 自然과 調和를 이루면서, 곳에 따라 건물이 櫛比하고있다. 88도시(都市)고속도로와 이어진 강 언덕길은, 강변 따라 文殊山의 軍事要衝地를 돌아 新江華大橋와 연결된다. 坡州市 交河의 건너편에 霞城面이 있다. 山河가 絶景이다. 찬란한 물결위에 수를 놓는다. 촘촘히 박혀있는 저 하늘의 별처럼, 은하수(銀河水)처럼, 해돋이의 황홀(恍惚)함과 해넘이 낙조(落照)는 神仙들의 놀이터 나들목이다. 길목에 顚流里가 있다. 아름답다. 막불이열(莫不夷悅)이로다. 활력(活力) 주고 위안(慰安)을 준다. '表忠祠'는 奉城 山기슭에서 기다리고 있다. 11時가 지난다. 驪興 閔門의 景靖公 別廟(경정공 별묘)이다.

소식을 듣고 會長을 비롯하여 여러분들이 參與하였다. 일행은 案內를 받으며 現場踏査를 하였다. 준비된 資料에 따라 中觀 崔權興 선생은 講論을 한다. 먼저 會長은 감사하다는 인사 겸 所懷로 禮를 갖춘다. 어려웠던 幼年時節의 이야기와, 生時에 어머니께 다하지 못한, 애절한 글을 낭송한다. 듣는 이들로 하여금 感懷를 준다. 先人들이 남긴 驪興민閥의 傳統이 아닐까. 表忠祠 事績과 略史를 살펴본다.

태천(苔泉)家系는 直系(5代) 모두 벼슬자리에 있었다. 考(父)는 사복시(司僕寺)로 宮女를 비롯하여 궁궐 안을 관리하였고 어머니 西河盧氏 사이에서 아들 苔泉公이 출생한다. 어머니의 철저한 교육열이 卓然하였고 후에 '牛溪先生' 문인으로서 22歲時 司馬試 합격, 33歲時 文科壯元을 한다. 鎭安縣監 在任時에 도적 '여립(汝立)'을 체포, 평정함으로서 평난공신(平難功臣)에 오른다. 왕으로부터 "微爾人盡非"라는 글귀와 '賜田民'하고 '驪陽君'으로 封한다. 世子冊封으로 朝天하고 예조참판이 된다. 仁祖4년에 졸하니 享年75였다. 卒 후의 穀間에는 한두 섬밖에 없었다고 전한다. 淸白吏의 마지막 자산이 아닐까. 남에게 누를 끼치지 않았고 牛溪先生의 가르침을 받들어 가훈(家訓)으로 남겼음이다.

공의 長男 성(垶)은 司直公(재판관)으로 있을 때 병자호란(丙子胡亂)이 일어났다. '三田渡 悲運'의 소식을 듣고 全 家族을 호출하고 강화도 天登寺에 集合시킨다. 公을 비롯하여 妾 禹氏, 庶弟, 男三(아들셋)之內外, 딸 넷 등이 一時 순절(殉節)하니 十參人이라고 하였다. 피 끓는 愛國의 힘은 멈출 수가 없었을 것이다. 가보(家譜)는 전하고 있다. 가족가운데 차남(次男) 옥(鈺)은 悲劇을 避하게 되었다고 한다. 大科準備를 爲하여 妻家인 江原道에서 우거(寓居)하고 있었다고 한다. 역사는 거울이다. 나라의 주인 임금(仁祖)이 무릎 꿇고 淸 太宗에게 항복하는 모습을 눈뜨고는 볼 수가 없었을 것이다. 안타까운 심정은 금할 수가 없었을 것이다. 이글을 쓰면서 '쓸까말까' 망설였음을 고백합니다. 나라의 혼탁한 정치현실을 겪으면서 警覺心을 가지게 한다. 교훈으로 삼아야 할 것이다.

多事多難했던 무술년(戊戌年)은 저물어 가고 있다. 정치적 변화가 예고(豫告)되는 한해가 아닐까? 韓半島에 고착화(固着化) 되고 있는 두 정권이다. 숙고(熟考)해야 하는 지도자들의 한해이기도 하다. 문사들의 책임도 분주(奔走)하리다. 후인(後人)들에게 훈계하는 시간이었다. 발전한 세계 속의 'Korea' 대한민국! 漢江 奇蹟과 表忠祠 史蹟의 탐방은 未來를 위한 귀한 시간이었다.

가산 임봉훈 씀.

355. 이계공묘(伊溪公墓)에서

베 밞기 고개이름
어디서 생겨났나

온진정 맑은 바람
높고도 엄청나니

오늘도 놀라워하며
바라본다 멀리서

최중관

▲ 이계공묘

▲ 이계공묘 앞에서

▲ 정민공묘역 개수비

▲ 이계공 공부를 하며

355. 伊溪公墓(이계공묘)

伊溪公墓在京畿道楊州市長興面釜谷里公諱公濟字希
이 계 공 묘 재 경 기 도 양 주 시 장 흥 면 부 곡 리 공 휘 공 제 자 희

仁號伊溪高靈申氏也高祖諱包翅工曹參議曾祖諱檣工
인 호 이 계 고 령 신 씨 야 고 조 휘 포 시 공 조 참 의 증 조 휘 장 공

曹左參判祖諱末舟全州府尹考諱洪贈兵曹判書妣草溪
조 좌 참 판 조 휘 말 주 전 주 부 윤 고 휘 홍 증 병 조 판 서 비 초 계

卞氏直長鈞女以朝鮮睿宗元年己丑生公自幼有英氣及
변 씨 직 장 균 녀 이 조 선 예 종 원 년 기 축 생 공 자 유 유 영 기 급

長學行日進十八進士二十七文科歷諸職出外任賦政簡
장 학 행 일 진 십 팔 진 사 이 십 칠 문 과 역 제 직 출 외 임 부 정 간

寬三十五歲時祖歸來亭別世綾州縣民來弔者涕泣以賻
관 삼 십 오 세 시 조 귀 래 정 별 세 능 주 현 민 래 조 자 체 읍 이 부

儀布生嶺名也其後各道觀察使漢城府尹戶曹吏曹判書
의 포 생 령 명 야 기 후 각 도 관 찰 사 한 성 부 윤 호 조 이 조 판 서

賀正使等諸重職巡歷也公風姿溫粹賢眼美鬚襟懷高雅
하 정 사 등 제 중 직 순 력 야 공 풍 자 온 수 현 안 미 수 금 회 고 아

好古守正末年鄉里淳昌築薀眞亭以文墨自娛也人有勸
호 고 수 정 말 년 향 리 순 창 축 온 진 정 이 문 묵 자 오 야 인 유 권

公爲子求官則曰累世冠冕審又位極人孰不欲富貴而吾
공 위 자 구 관 즉 왈 누 세 관 면 오 우 위 극 인 숙 불 욕 부 귀 이 오

家獨專之耶公人中之公人也淸白吏之表儀也以中宗三
가 독 전 지 야 공 인 중 지 공 인 야 청 백 리 지 표 의 야 이 중 종 삼

十一年丙申遐世享六十八也謚貞敏配完山李氏湖山君
십 일 년 병 신 하 세 향 육 십 팔 야 시 정 민 배 완 산 이 씨 호 산 군

鉉女賢而有禮內治亦正家有二妾撫以恩專雙塋也讚曰
현 녀 현 이 유 례 내 치 역 정 가 유 이 첩 무 이 은 전 쌍 영 야 찬 왈

昔日何人欲冷灰　鮮初申閥聞聲傀
석 일 하 인 욕 냉 회　선 초 신 벌 문 성 괴

伊溪諱號有公字　踏布嶺名傳大雷
이 계 휘 호 유 공 자　답 포 영 명 전 대 뢰

淸白吏銓貞敏諡　善書評品與王唉
청 백 리 전 정 민 시　선 서 평 품 여 왕 애

蘊眞亭上吟風裏　幾近從心高潔晐
온 진 정 상 음 풍 리　기 근 종 심 고 결 해

355. 이계공묘(伊溪公墓)

이계공묘는 경기도 양주시 장흥면 부곡리에 있다.

공의 휘는 공제요, 자는 희인, 호는 이계이다. 고령 신씨이다.

고조의 휘는 포시오, 공조참의이다.

증조의 휘는 장이요, 공조좌참판이다

조의 휘는 말주요, 전주부윤이다.

고의 휘는 홍이요, 병조판서를 증직 받았다.

어머니는 초계변씨로 직장 벼슬하던 균의 딸이다.

조선 예종 원년 기축생이다.

공은 어려서부터 영특한 기운이 있어 자라면서 날마다 학문이 진보하였다.

18세에 진사에 합격 되었고, 27세에 문과에 합격하였다.

여러 직책을 지나 지방 군수로 나가 세금 받는 일을 하면서 대범하고

관대하게 처리하였다.

35세에 조부 귀래정께서 별세하였다.

능주 고을에서 조문 오는 사람들이 눈물을 흘리며, 부의금으로 베 옷감을 준비했는데 받지를 않자, 되가져 가지 않고 산더미처럼 쌓아놓았으니 답포령이란 언덕 이름이 생겼다.

그 후 각도 관찰사, 한성부윤, 호조・이조판서, 하정사 등 모든 중책을 맡았다.

공의 풍모는 온화하고 순수하며 눈빛이 어질었다.

수염이 아름답고, 품은 회포가 높고 아담하였다.

옛 것을 좋아하며 정직함을 지켰고, 말년에 고향 순창으로 내려가 온진정을 짓고 시를 짓고 글을 쓰며 스스로 즐거움을 삼았다.

다른 사람들이 공에게 권하기를, 아들을 위하여 벼슬을 구함이 어떠한가? 하니, 공이 말하기를, 여러 대대로 높은 벼슬로 살았었고, 나도 또한 자리했는데 모든 사람들이 누가 부귀를 욕심내지 않으리오 마는, 우리 집이 홀로 하고자 한다면 되겠는가!

공인 가운데 공인이요, 청백리 중에 표의로다.

중종 31년 병신년에 하세하였으니 향년 68세였다.

시호는 정민이다. 부인은 완산이씨 호산군 현의 딸이다.

어질고 예의가 있어 집안을 바르게 잘 다스렸으며, 두 부인이 있었으나 은혜로 어루만지며 보살폈다. 산소는 쌍분으로 두 개이다.

기려 노래하노니,

옛날에 어떤 사람이 차가운 재가 되고자했는가.

조선 초에 신씨 문중의 높은 소리 드높도다.

이계는 호요 이름엔 공변될 공자가 있으니

베 옷감으로 고개 이름을 남겨 크게 전하도다.
청백리로 뽑혀 정민이란 시호를 받았으니
글씨를 잘 썼고 품평도 잘하여 왕과 더불어 논하였으며
온진정에 올라 풍류를 읊으면서
거의 칠십 토록 높고 깨끗함을 갖추고 살았도다. 전

돌아온 있던 자리
참맛을 쌓아 올려

베 밟고 넘는 고개
따르는 하얀 무리

똑같이 보듬고 돌봐
절로 흐른 시냇물

욕천 최장호

옛 것이 좋아지니
어깨가 둥실둥실

가난도 시가 되어
샘솟는 노랫말은

그 누가 이 맛을 알까
담을 넘는 웃음꽃

노산당 전향아

가마골 큰 시내며
베 밟기 고개 유래

온진정 맑은 바람
온골에 불어대니

오늘도 우러르면서
바라본다 게서들

갑고 홍영표

끝없이 넘실대는
누런들 넉넉하다

탁 트인 온진정에
서울 손 둘러앉아

어진이 노래 부르니
맑은 바람 불어와

안일당 이원희

눈빛이 그윽하고
수염이 아름다워

벼슬은 싫다 싫어
글쓰기 즐겨하니

어질은 벗들이 모여
우러르며 노래해

설전 임준신

때 되어 나섰다가
때 되어 물러나며

돌아와 다락 얽고
스스로 즐기면서

베 밝기 붙여진 고개
선비의 길 빛나네

우인 경우수

가마골 폭포수는
달빛이 아름답다

천하(天下)의 온진정(薀眞亭)은
독례(讀禮)가 우레 친다

못 잊을 답포령명(踏布嶺名)을
불러본다 청백리

가산 임봉훈

베 옷감 쌓인 자리
깨끗한 이름 남겨

나랏님 주신 시호
모두들 우러른다

온진정 맑은 바람에
온 고을이 시원타

오남 이종관

선비는 앞선 사람
남긴 건 맑음일세

남들이 어려울까
백성이 크게 좋아

스스로 즐기는 속에
깨끗함이 남았네

서천 조경휘

伊溪公墓

安逸堂 李元熙

昌化重陽秋色灰 申門英傑贊聲傀
松林古墓露多雨 蒼蘚花階稱讚雷
清白儉勤貞敏諡 名書神筆右軍唉
蘊眞亭裏詠吟樂 歡迎京賓敎訓晐

양주 중양절 가을빛이 잿빛인데
신씨 문중에 영걸을 칭찬하는 소리가 크도다.
송림 속 옛 묘는 이슬이 많아 비 내린 것 같고
푸른 이끼 꽃 계단은 칭찬이 우레 같도다.
청백리 근검하여 정민이라 시호를 내렸고
명서의 신필은 왕희지와 더불었도다.
온진정에서 시를 읊어 즐기고
서울 손 환영하며 가르치는 훈계를 갖추었도다.

伊溪公墓

佳山 任奉壎

飛瀑長興月色灰 山城百景影燈傀
地中穴室廷論討 天下眞亭震讀雷
禹舜黎民貞士好 徑淸白吏鞠躬唉
幽探釜嶺東豪唱 撰伊溪公事史晐[13)]

長興 명소 폭포수에는 잿빛 달빛이 아름다운데
변화 찾은 百景의 山城은 走馬燈이 허수아비 같네.
땅속 혈실에서 朝廷의 論諫 토론을 하여왔거늘
天下의 蘊眞亭은 震域의 讀禮가 우래 치고 있구나.
禹鼓舜木의 黎民은 지조 굳은 선비를 좋아하고
청백리 徑行은 몸을 굽혀 정성으로 응답을 한다.
고상하고 의미 깊은 釜嶺에 東天七豪가 노래하니
撰錄한 伊溪公은 逸事와 演史를 갖추고 있음이다.

---

1) 讀禮 : 부모의 상중(喪中)에 있음. 옛날에는 부모의 상중에는 일을 하지 아니하고 오직 예서(禮書)에 있는 상제(喪祭)에 관한 것만 읽었기 때문에 나온 말.

伊溪公墓

梧南 李鍾寬

昌化晩秋秋色灰 申門輩出聞譽傀
堂堂偉皃夏峰月 灼灼頌聲春瀑雷
淸白勤儀肩古佛 善書美巧次王唉
薀眞亭裡爽風渡 貞敏英名千世晐

양주 늦은 가을의 추색이 회색인데
신씨 가문에서 자랑스러운 위인이 배출되었도다.
당당하고 우뚝한 용모는 여름 봉우리에 돋은 달 같고
빛나는 찬송의 소리는 봄 폭포의 우레와 같이 들려오는도다.
청백 근검하기는 맹고 불에 견줄만 하고
아름다운 글씨 재주는 왕희지 다음으로 칭하는도다.
온진정 아래에 시원한 바람소리가 들려오니
정민공의 꽃다운 이름은 천세토록 갖추어져 있도다.

---

1) 昌化 : 양주의 고호.
2) 古佛 : 맹사성의 호. 공은 우리나라 청백리의 대표로 꼽히는 분이다.
3) 次王 : 왕희지의 다음이라는 표현이다.

伊溪公墓

抒淯 趙京彙

昔日一儒文券灰 黎民逋欠盡消傀
今尋釜谷名墳聳 古至高靈申氏雷
廬幕賻儀官弊却 羅災收拾衆歡唉
築亭章墨躬娛裏 淸白餘寬不失晐[1)]

예전에 한 선비가 문권을 잿더미로 태우니
조세 못낸 문서로 다 없앤 큰일이라.
지금 부곡으로 우뚝 솟은 그분의 묘를 찾아가니
예로부터 내려오는 고령신씨의 큰 집안이라.
시묘살이 부의 물건 물리쳐 관의 폐단 막았고
왜구로 인한 이재민을 수습 많은 사람으로부터 칭송을 받고
정자 짓고 문장과 글씨로 몸소 즐기는 속에
청백리 속에 여유와 관대함을 잃지 않고 고루 갖추었네.

---

1) 逋欠 : 조세를 바치지 못한 것.

이계공묘(伊溪公墓)에서

세온쉰다섯 번째 한가락 모임
때 : 4352(2019)년 10월 12일, 토요일, 맑음
곳 : 이계공묘 - 경기도 양주시 장흥면 부곡리

한가락 355회, 그동안 김포 쪽으로 여러 번 다녀왔었는데, 오늘은 김포의 반대쪽인 의정부에서 10시에 만나기로 하였다.

가을을 노래하는 하늘은 더없이 높고 푸르러 맑은 날씨에 약간의 미풍까지 손짓하며 방안에서 뛰어나오라고 유혹하는 아주 멋진 날씨이다.

양주행 전철이 지연되는 바람에 한 시간 정도 늦어지게 되었다.

이런들 어떠하리, 무사히 다 모였으면 되었지. 오늘 탐방할 곳은 의정부역에서 승용차로 15분만 달려가면 되는 곳이다.

참석하신 회원들은 중관선생님, 갑고, 우인, 욕천, 석초, 서천, 서정원, 한홍식, 변충근, 강윤석 그리고 필자 이상 11명이 전부이다. 개인사정으로 가산을 비롯한 다른 회원들은 불참하였다.

오늘 탐방하는 곳이 가까우니 마음도 넉넉히 서두를 필요도 없다. 각 승용차에 나눠어 타고 목적지에 도착하니 문중어르신들이 나와 계셨다.

정민공파종회 신방수회장님과 인사를 나누고 안내를 받으며 산소에 올랐다.

산소도 바로 옆이라 곧바로 올라 비석을 보았다.

비석은 글씨가 마모되어 읽을 수가 없었지만 보호차원에서 비를 맞지 않도록 비각을 만들어 그 속에 하얀 비석이 서 있었다.

아마 산소를 다른 곳으로 이전할 계획을 가지고 계신 것 같았다.

산소는 쌍분으로 부인과 나란히 묻혀 있었고 문석과 망주석, 등불석만

있었다.

좌청룡 우백호가 잘 감싸고 있었고, 앞산엔 도봉산 다섯 봉우리와 북한산 줄기가 너무나 잘 보여서, 가만히 앉아만 있어도 시가 저절로 쓰여 질것만 같은 좋은 자리이다.

이 산소자리로 보아 고령신씨 가문에 문예를 겸한 예술인이 많이 탄생하지 않았을까 하는 생각이 든다.

문중 회장님께서 자부심이 대단하시다. 숭례문 편액도 이계공께서 쓰신 것이라고 말씀하신다.

신윤복도 그림으로 이름이 남겼으니 역시나 고령신씨의 뛰어남을 볼 수 있었다.

말하지 않아도 잘 알고 있는 신숙주공은 이계공의 큰 아버님이다.

짧은 지면에 어찌 자세히 다 설필 할 수 있겠는가. 오늘은 이계공에 대한 것만 쓰기로 하였다.

이계공의 어머니는 초계변씨로 조선 예종 원년 기축 해에 공을 낳았다.

공은 어려서부터 영특하여, 18세에 진사하였고 27세에 문과하였다.

여러 좋은 직책을 거쳤으나 청백리로 유명하였다.

늘 검소하고 따뜻하여 고을 백성을 사랑하였으니, 공에 대한 칭찬이 자자하였다.

정자를 지어 온진정이라 편액하고 시를 지으며 스스로 즐겼다.

문장력도 탁월하였고, 붓글씨도 대단히 잘 썼으며 품평도 잘하여, 왕과 함께 토론하기도 하였다.

68세로 세상을 떠나자 조의금을 받지 않았다.

당시에 조의금이란 베 옷감이라던가, 장례식에 필요한 음식 등이었을 것이다.

베 옷감을 가져왔던 사람들은 진심을 다하여 가져왔는데 어찌 다시 가져가겠는가. 상여가 지나는 길목에 던져놓아 밟고 지나가게 하였다.

그 일로 인하여 답포령이라는 고개 이름이 생겨 지금까지 불리어지고 있다.

문중에서 준비해주신 점심은 송추 일번지에서 지리 뽈탕이었는데, 시원하고 개운해서 매운 것을 싫어하시는 어르신들이 드시기에 딱 알맞은 맛있는 점심이었다.

푸짐하게 끓여진 점심상을 보면서 문중의 아름다운 손님맞이의 정성을 느낄 수가 있었다.

문중 신방수회장님께서는 문중의 어록을 어렵게 모으고 모아 책으로 엮어놓아 후세들이 보고 배우기 쉽도록 해놓으셨다.

신윤복 화보집도, 박물관에 보관된 귀한 작품도, 수고를 아끼지 않고 찾아다니시며 완성집을 만드셨고, 붓글씨와 시를 모아서 두꺼운 묵필집과 함께 두꺼운 책으로 만드셨다.

많이 힘드시고 수고로우셨을 것이다.

문중엔 항상 앞장서서 어려운 일을 하시는 분들 때문에 번창하시고 역사가 전해지는 법이다.

책을 받아들고 감사의 인사를 나누며 일정이 마무리되었다.

노산당 전향아 씀.

356. 경은공묘(耕隱公墓)에서

아버지 가시는 길
아들은 따르지만

때로는 다른 길로
가기도 하는거냐

나라의 한결같은 길
찾아내면 말이다

최중관

▲경은공묘

▲ 경은공묘 앞에서

▲ 경은공 묘비

▲ 경은공 공부를 하며

356. 耕隱公墓(경은공묘)

耕隱公墓在仁川廣域市西區石南洞公諱瑞康字敬仲號
경 은 공 묘 재 인 천 광 역 시 서 구 석 남 동 공 휘 서 강 자 경 중 호

耕隱白川趙氏高祖諱得珠高麗知密直司事復興君曾祖
경 은 백 천 조 씨 고 조 휘 득 주 고 려 지 밀 직 사 사 부 흥 군 증 조

諱何吏部尙書銀川君祖諱世卿贈議政府左參贊考諱胖
휘 하 이 부 상 서 은 천 군 조 휘 세 경 증 의 정 부 좌 참 찬 고 휘 반

高麗知密直司事朝鮮開國功臣復興君參贊門下府事妣
고 려 지 밀 직 사 사 조 선 개 국 공 신 부 흥 군 참 찬 문 하 부 사 비

鷄林李氏司醞署直長養吾女以朝鮮太祖三年甲戌生公
계 림 이 씨 사 온 서 직 장 양 오 녀 이 조 선 태 조 삼 년 갑 술 생 공

文章德行特出文科後歷諸職世宗朝都承旨吏曹參判五
문 장 덕 행 특 출 문 과 후 역 제 직 세 종 조 도 승 지 이 조 참 판 오

十歲辭仁川佳亭隱居悠悠自適或有故友吟咏世事也世
십 세 사 인 천 가 정 은 거 유 유 자 적 혹 유 고 우 음 영 세 사 야 세

宗累徵不應命畵工畵庄局也世宗二十六年甲子三月六
종 루 징 불 응 명 화 공 화 장 국 야 세 종 이 십 육 년 갑 자 삼 월 육

日卒享年五十一也酉坐卯向墓長方形前方後圓高麗樣
일 졸 향 년 오 십 일 야 유 좌 묘 향 묘 장 방 형 전 방 후 원 고 려 양

式也仁川廣域市有形文化財六號指定也配東萊鄭氏判
식 야 인 천 광 역 시 유 형 문 화 재 육 호 지 정 야 배 동 래 정 씨 판

漢城府事符女合祔也嗚呼行年不至耳順兮麗鮮交替葛
한 성 부 사 부 녀 합 부 야 오 호 행 년 불 지 이 순 혜 려 선 교 체 갈

藤哉從行父路史泣兮固執我志不孝哉始作正直不然兮
등 재 종 행 부 로 사 읍 혜 고 집 아 지 불 효 재 시 작 정 직 불 연 혜

終末仁義不成哉事必歸正何日兮佳亭獨登問天哉讚曰
종 말 인 의 불 성 재 사 필 귀 정 하 일 혜 가 정 독 등 문 천 재 찬 왈

已越立冬寒氣眞　一車西出召城輪
이 월 입 동 한 기 진　일 거 서 출 소 성 륜

石南陽地高墳特　麗制方形戀貌恂
석 남 양 지 고 분 특　여 제 방 형 연 모 순

投紱歸鄕田畔隱　好朋吟嘆君王仁
투 불 귀 향 전 반 은　호 붕 음 탄 군 왕 인

纔過知命聖心裏　節孝相爭終送親
재 과 지 명 성 심 리　절 효 상 쟁 종 송 친

356. 경은공묘(耕隱公墓)

경은공묘는 인천광역시 서구 석남동에 있다.
공의 휘는 서강이요, 자는 경중, 호는 경은이다. 백천 조씨이다.
고조의 휘는 득주요, 고려 지밀직사사 부흥군이다.
증조의 휘는 하요, 이부상서 은천군이다.
조의 휘는 세경이다. 의정부 좌참성을 증직 받았다.
고의 휘는 반이요, 고려 지밀직사사, 조선 개국공신이요, 부흥군이다. 참찬문하부사다.
어머니는 계림이씨로 사온서직장 양오의 딸이다
조선 태조 3년 갑술년에 공을 낳았다.
문장력과 덕행이 특출하였다.
문과 후에 여러 직책을 지나, 세종 조에 도승지, 이조참판을 지냈다.
50세에 사표를 내고 인천에 가정을 얽어 은거하며 유유히 스스로 즐

기며 살았다.

옛 친구들이 찾아오면 세상일을 시제로 시를 읊었다.

세종 때에 여러 번 불렀으나 나가지 않았다.

화공을 불러 농장 주변을 그리게 하였다.

세종 26년 갑자년 3월 6일에 돌아가니 향년 51세였다.

산소는 유좌 묘향에 장방형으로 앞쪽은 네모졌으며, 뒤쪽은 둥근 원이다. 고려양식이다.

인천광역시 유형문화재 6호로 지정되었다.

부인은 동래정씨로 판한성부사 부의 딸이다. 합장하였다.

오호라, 산 나이가 이순에 이르지 못하였구나. 고려와 조선의 교체됨의 갈등이었을 것이다.

아버지의 행적을 따르자니 역사가 슬피 울고, 나의 굳은 뜻을 따르자니 불효가 되는구나.

시작이 정직하지 못함이여. 종말엔 인의가 이루어질 수 없도다.

일은 반드시 바른 곳으로 돌아가는 것이데, 어느 날에 이루어지겠는가.

가정에 홀로 올라가 하늘에게 물어본다.

기려노래하노니,

입동이 이미 지나 찬 기운이 도는데
한 수레 서쪽으로 달려 소성에 멈추었도다.
석남 양지쪽에 높은 무덤이 특별한데
고려제도 방형이 그리워하는 모습이로다.
인끈을 버리고 고향으로 내려가서
좋아하는 벗들과 군왕의 어짊을 노래했도다.

겨우 50를 지났는데 성인의 마음을 품었고

효도와 절개를 다투다가 어버이를 먼저 보내드렸도다. 전

하늘 뜻 알아보니
모두가 부질없다

예순을 바라보고
다른 길 가야한다

지금도 네모 무덤은
들어낸다 숨가쁨

욕천 최장호

다락을 뒤었으니
거문고 당겨볼까

붓 끝에 마음 담아
술잔을 채워 놓고

아들아 나랏일이란
흘러가는 물이다

노산당 전향아

초겨울 이미 들어
날씨도 차가운데

미추홀 저 언덕에
경은공 눕자리라

이제는 고민 말고
편안하게 쉬소서

갑고 홍영표

두레 솔 별 바른 따
아늑한 네모무덤

뜻 다른 아비 아들
바른길 따라가리

떳떳이 이은이들에
깨끗함을 보이리

안일당 이원희

그림을 그려놓고
벗들을 불러 모아

옛 임이 그리워라
시 읊어 달래던 임

네모난 새집에 누워
보여주는 배움터

설전 임준신

나라가 어지러워
부딪침 많다보니

내 마음 어데 두나
선비가 가야하는

그 길이 내가 가야 할
마땅한 길 아닌가

우인 경우수

때 만나 이룩한 일
밭 갈고 숨어 산다

아버지 공신(功臣) 자리
깨달은 효도(孝道) 아들

아무나 할 수 있을까
은곡가정(隱鵠佳亭) 새겨봐

가산 임봉훈

동짓달 볕바른 때
네모난 무덤이다

아버지 뜻과 달라
시골에 띠집 얽어

참 길로 살아가리라
깨끗하게 바르게

오남 이종관

벼슬도 마다하고
저 멀리 살아가니

일 없어 좋다하나
그 마음 어찌 알리

옛날을 그리워하나
넓은 들을 벗하네

서천 조경휘

耕隱公墓

安逸堂 李元熙

歲暮古都寒色眞 早朝一馬召城輪
松林岸下高墳肅 苔蘚碑中刻筆恂
投紱歸鄕貞又敬 考般詩酒節兼仁
父從附逆無從義 義順盡忠不孝親

세모에 옛 고을이 참으로 추운데
아침 일찍 인천에 당도했도다.
솔숲 언덕아래 높은 묘가 엄숙하고
이끼 낀 비석엔 새긴 글이 진실하도다.
투불 귀향하여 곧음을 공경하였고
고반 하여 시와 술 겸하여 절의를 인하였도다.
아버지 따라 역적에 붙으면 의를 쫓지 않음이여
의에 따라 충성을 지키면 어버이에겐 불효로다

耕隱公墓

佳山 任奉壎

灣入邵城耕地眞 開都深巷一墳輪
方圓卯酉佳停冀 前後東西蚕閣恂
麗末閭邦先績泰 鮮初醒孝必歸仁
累徵不應悠悠詠 隱鵠名聲永世親

海水 드나드는 邵城에 田地耕作이 眞境이었는데
開發都市 깊숙한 골목에는 高大한 무덤이 있었네.
前方後圓의 酉坐卯向은 佳亭이 바라고 바람인데
前後 東西南北에 신의와 진실은 蛟龍得水로다.
닫힌 나라 여는 麗末에 先親의 공적은 태산 같고
鮮初에 깨달은 孝道는 事必歸正의 仁義禮智로다.
累徵 불응하고 悠悠自適함은 風流를 즐김이고
세상의 標準이 된 그 名聲은 영세토록 親和하리다.

耕隱公墓

梧南 李鍾寬

車上迎冬寒氣眞　召城當到乍停輪
苔碑蘚碣故思懇　前直後圓麗墓恂
投紱歸鄕浸舜愛　考般在澗樂湯仁
父從仕宦潸將義　義順貞行不孝親

수레 위에서 겨울을 맞으니 추위가 참인데
인천을 당도하여 갑자기 수레는 멈추었도다.
이끼 낀 비석과 묘갈은 옛 일을 간절히 생각하고
전방 후원 묘는 고래를 정성스럽게 사모하는도다.
벼슬 내리고 귀향하여 순임금의 사랑에 젖어있고
산수 간에 은거하여 탕임금의 인자함을 즐기는도다.
아비를 좇아 벼슬을 하자니 의리가 눈물짓고
의를 따라 곧은 행실을 지키자니 아비에게 불효가 되는도다.

---

1) 召城 : 인천의 고호.
2) 考般在澗 : 산수간에 은거하여 유유자적함. 시경에 나오는 말이다.
3) 舜 : 순임금 순.
4) 湯 : 끓일 탕. 탕왕을 이른다.

耕隱公墓

抒洊 趙京彙

落葉散周時變眞 仁川幽絶一墳輪
帽蓮碑碣銘書凜 冠帶文人禮貌恂
屢請出官終不應 半酣無事自堪仁
泰平輿溢何如屬 遊遍騎驪遠近親

낙엽이 두루 산재하니 때의 변함을 느끼며
인천 그윽한 곳에 한 무덤 차를 타고 가다.
연꽃 모자를 얹은 비석에 새겨진 글씨 늠름하고
관대를 두른 문인석 예를 갖춘 모습 정성스럽다.
벼슬을 거듭 청하나 끝까지 응하지 않고
반은 취한 듯 일없이 스스로 인을 즐기니
태평이 넘치는데 무엇에 얽매이랴
나귀 타고 두루 다니니 멀고 가까움이 다 친하네.

---

1) 幽絶: 속세에서 멀리 떨어져 고요함.
2) 酣: 술 즐길 감.
3) 堪: 즐길 감.

경은공묘(耕隱公墓)에서

세온쉰여섯 번째 한가락 모임
때 : 4352(2019)년 11월 16일, 토요일, 맑음
곳 : 경은공묘 - 인천광역시 서구 석남동

오늘은 한가락 역사탐방 삼백쉰여섯 번째 인천광역시 서구 석남동에 있는 경은공(耕隱公)의 묘(墓)를 찾아가는 날이다. 어제는 비가 꽤 많이 내려 날씨걱정을 많이 했는데 오늘은 비가 개어 참 다행(多幸)이다. 오늘도 갑고 선생님과 함께 가기위해 갑고(甲皐) 선생님 댁(宅)에 먼저 들렸다. 갑고 선생님은 집 앞에 나와 계셨다. 갑고 선생님을 모시고 댁(宅)을 출발(出發)하여 안내기(案內機)가 안내하는 대로 강변도로(江邊道路)로 들어섰다. 오늘은 초행길에 이 지역(地域)은 처음이지만 요즈음은 도로 안내기(案內機)가 있어 별 걱정은 없다. 그런데 오늘 찾은 인천 서구 석남역은 거의 목적지에 다 도달(到達)하여, 지나는 사람 몇에게 물어 봤지만 그렇게 쉽게 설명을 듣지 못해 여유 있게 시간을 잡고 갔는데도 겨우 시간에 맞출 수 있을 정도였다. 가서보니 역시 그럴 만한 사정(事情)이 있었다. 전철(電鐵)을 가운데 두고 이쪽저쪽이 차량으로는 왕래(往來)가 쉽지 않고 철길 옆이 일방통행(一方通行)에다가 가림막이 높이 처져있고, 거기다 공사(工事)까지 하고 있어서 답(答)해 주는 사람 또한 그리 쉽게 설명(說明)을 해주지 못했던 사정(事情)이 있었던 것 같다. 석남역(石南驛) 2번 출구(出口) 앞에서 잠시 기다리며 노산당과 연락해서 문광, 금동창, 서정원님이 2번 출구로 나와 함께 목적지로 향하게 됐다. 경은공(耕隱公) 조서강(趙瑞康)의 묘(墓)는 역(驛)에서 얼마 떨어지지 않았으나 찾기는 쉽지 않았다. 석남동(石南洞) SK에너지 앞 사거리에서 바로 우로 꺾어져야 하는데 그만 지나치고 말아 또 헤매게

생겼는데, 마침 지나가던 행인에게 물어보니 자기 차에 타라 하여, 오늘 모처럼 오신 금 선생님이 그 차에 탑승하고 우리를 안내하여 목적지에 쉬이 닿을 수 있었는데, 그러고 보니 오늘 탐방지를 찾는 데는 수고를 조금 한 것 같다.

묘소(墓所) 입구는 먼저 이곳을 탐방(探訪)하려고 문중(門中)의 안내(案內)를 받을 때 언뜻 들은 것처럼 옹기점과 개 사육장이 있다고 했는데, 조금 더 들어가니 비탈진 야산에 황토흙이 넓게 파헤쳐져 있는걸 보니, 아마도 이 지역(地域)에 유물(遺物)이 나와 남은 유물(遺物)을 발굴(發掘)하고자 하는 현장(現場)인 듯하다. 공의 묘소(墓所)는 그 건너편 언덕 위에 있었다. 구들장 같은 넓적한 돌로 계단을 쌓아 그 위에 모셔져 있었다.

경은(耕隱)공은 조선 개국공신 조반의 아들로 태종14년(1415) 문과에 급제하여 장령(掌令)을 지내고 세종13년(1431)에 춘추관(春秋館) 기주관(記注官)이 되어 태종실록(太宗實錄) 편찬(編纂)에 참여하였으며, 그 뒤 우관원을 거쳐 경상도관찰사(慶尙道觀察使), 형조참의(刑曹參議) 등을 역임(歷任)하고, 1441년에 도승지(都承旨)를 지냈고, 1443년 이조참판(吏曹參判)이 되었다. 그는 만년(晩年)에 이조참판(吏曹參判)을 그만두고 부친 조반의 별업(별장(別莊))인 가정(佳亭)에 은거하였다. 그가 은거(隱居)하자 세종은 궁중화가(宮中畫家)를 보내 가정의 모습을 그리게 하였고, 이후 많은 선비들이 가정을 주제로 시(詩)를 지었으며, 안평대군(安平大君)은 이를 모아 <석호가정별업도>라는 서화집(書畫集)을 만들기도 하였다. 세종(世宗)26년 3월 10일에 그가 세상(世上)을 떠나자 세종은 쌀과 콩을 각 30석, 종이 10련, 그리고 관곽을 부의로 내려 후하게 장사지내게 하였다.'고도 한다.

그의 묘는 직사각형 기대석으로 둘러싸인 가운데 둘레돌을 두른 봉분(封墳)이 있는데, 봉분은 전방후원묘(前方後圓墓)로 앞에는 묘비(墓碑)와 상석(床石), 한 쌍의 문인석(文人石)이 배치(配置)되어 있다. 비신(碑身)과 기단

(基壇)이 일체형(一體型)을 이루고 있는 묘비(墓碑)에는 '가선대부 이조참판 조공지묘(嘉善大夫吏曹參判趙公之墓)'라고 새겨져 있으며, 한 송이의 연꽃을 엎어 놓은 것 같이 조각한 옥개석(屋蓋石)이 있고, 비(碑) 후면(後面)에 새겨진 글자는 거의 알아볼 수 없게 마모(磨耗)되어 식별(識別)할 수 없었으며, 그 옆에 근래(近來)에 새로 묘갈(墓碣)을 세워 알아보기 쉽게 하고 있었다. 경은공(耕隱公) 묘역(墓域)에 설치된 석물(石物)들은 조선 초기의 것으로 원형(元型)을 유지하고 있었다.

선생님께서는 여말 선초(麗末鮮初)의 묘제(墓制))에 대하여 설명(說明)해 주시고, 공의 묘는 유좌 묘향(酉坐卯向)으로 정 서쪽에서 정 동쪽을 바라보는 형세(形勢)라고 하신다. 우리는 선생님의 설명을 듣고 묘소 앞에 나란히 서서 옷깃을 여미고 공(公)에 대한 예(禮)를 묵념(默念)으로 올리고, 기념 촬영을 하고 내려와 오늘 공부 할 장소로 옮기려고 내려와 보니, 마침 먼저 탐방을 주선 섭외할 때 문중 총무가 와 있었다. 당시에는 사정이 있어서 안내를 못하겠다고 하였는데, 오늘은 갑자기 일이 생겨서 오게 되었으며 우리를 공부와 식사를 할 수 있는 곳까지 안내하여 주었다.

우리가 찾은 인천 서구 봉수대로 한우리 돈우리 정육식당은 마침 점심시간이라 식당을 찾은 사람들이 많았다. 우리도 한 장소를 안내 받아 자리를 잡았으나, 우선 식사시간이 되어 먼저 식사를 하고, 식사 후에 공부를 하기로 하였다. 식사는 갈비탕으로 하였는데 이 집은 특별히 작은 인삼 뿌리를 하나씩 주어 인상에 남았다. 몇 해 전부터 우리와 함께 역사 탐방(歷史探訪)을 다니는 조서천(趙抒洊)이 자기의 문중(門中)이라며, 오늘 점심식사를 자신이 부담(負擔) 하겠다고 나서서, 자리에 있는 모든 회원들이 고마운 마음을 박수(拍手)로 화답(和答)했다.

우리는 점심을 먹고 그 옆의 식사가 끝나 정리(整理)된 자리로 옮겨 공에 대한 공부에 들어갔다. 공(公)의 사적(事跡)은 묘소 앞에 세운 안내판에 기술(記述)한 것과 거의 비슷하다. 그러나 그의 부친(父親)은 조선 창업공신

(朝鮮創業功臣)인데 벼슬을 버리고 인천 가정(佳亭)에 은거(隱居)하며 농사를 지었다는 것은 남다른 데가 있어 보인다. 오늘도 선생님이 자료(資料) 끝에 붙이신 찬시(讚詩)와 시조(時調)는 역시 절창이었다. 우리는 선생님의 찬시와 시조의 해석(解釋)을 듣고 시조와 율시(律詩)를 창하고 오늘의 공부를 마쳤다.

우인 경우수 씀.

357. 죽계공묘(竹溪公墓)에서

나라가 흔들리면
역사를 지켜얀다

고려 때 할아버지
이르신 말씀이라

저 높은 갑비고차 뫼
우러르는 뜻이여

최중관

▲ 죽계공묘

▲ 죽계공묘 앞에서

▲ 죽계공 묘비

▲ 죽계공 공부를 하며

357. 竹溪公墓(죽계공묘)

竹溪公墓在仁川廣域市西區堂下洞也公諱則字叔度號
죽 계 공 묘 재 인 천 광 역 시 서 구 당 하 동 야 공 휘 칙 자 숙 도 호

竹溪系固城李氏也高祖諱嵒門下侍中鐵城府院君著檀
죽 계 계 고 성 이 씨 야 고 조 휘 암 문 하 시 중 철 성 부 원 군 저 단

君世紀曾祖諱岡密直副使祖諱原左議政考諱垤漢城少
군 세 기 증 조 휘 강 밀 직 부 사 조 휘 원 좌 의 정 고 휘 질 한 성 소

尹贈左贊成妣光州鄭氏掌令之唐女以世宗二十年戊午
윤 증 좌 찬 성 비 광 주 정 씨 장 령 지 당 녀 이 세 종 이 십 년 무 오

生公公自幼穎悟博學强記爲文章操筆立就語年十九中
생 공 공 자 유 영 오 박 학 강 기 위 문 장 조 필 입 취 어 연 십 구 중

進士年二十五大科歷內外要職至知中樞府事公少豪邁
진 사 연 이 십 오 대 과 역 내 외 요 직 지 지 중 추 부 사 공 소 호 매

不羈遺落細故未嘗介意人莫敢測其涯涘公爲人嚴毅而
불 기 유 락 세 고 미 상 개 의 인 막 감 측 기 애 의 공 위 인 엄 의 이

樂易疏暢而堅確當官處事屹然如山不可動搖居家重默
락 이 소 창 이 견 확 당 관 처 사 흘 연 여 산 불 가 동 요 거 가 중 묵

子弟侍坐未嘗交一言性淸儉服無異彩食不重味雖至貴
자 제 시 좌 미 상 교 일 언 성 청 검 복 무 이 채 식 부 중 미 수 지 귀

顯門庭蕭然無異寒素公以大司成出爲觀察學生二百餘
현 문 정 소 연 무 이 한 소 공 이 대 사 성 출 위 관 찰 학 생 이 백 여

人上書請留曰李某斯文之表吾道之宗一方之民雖受其
인 상 서 청 유 왈 이 모 사 문 지 표 오 도 지 종 일 방 지 민 수 수 기

賜一國之士於何考德乎燕山君二年丙辰四月十四日卒
사 일 국 지 사 어 하 고 덕 호 연 산 군 이 년 병 진 사 월 십 사 일 졸

享年五十九諡貞肅配安東權氏戶曹佐郞溫女雙封讚曰
향년오십구시정숙배안동권씨호조좌랑온녀쌍봉찬왈

冬至寒風探白文　一車西出仁川朌
동지한풍탐백문　일거서출인천분

黔丹堂下雙封肅　螭首墓碑多字紜
검단당하쌍봉숙　이수묘비다자운

貴爵門庭無異素　學生上疏請留炘
귀작문정무이소　학생상소청유흔

杏村以後開書筆　史學名家儒子醞
행촌이후개서필　사학명가유자온

357. 죽계공묘(竹溪公墓)

죽계공묘는 인천광역시 서구 당하동에 있다.

공의 휘는 칙이요, 자는 숙도, 호는 죽계요, 고성이씨이다.

고조의 휘는 암이요, 문하시중 철성부원군이다. 단군세기를 저술하였다.

증조의 휘는 강이요, 밀직부사이다.

조의 휘는 원이요, 좌의정이다.

고의 휘는 질이요, 한성소윤이다. 좌찬성을 증직 받았다.

어머니는 광주정씨로 장영 지당의 딸이다.

세종 이십년 무오년에 공을 낳았다.

공은 어려서부터 영특하여 공부하기를 많이 좋아하였다.

한번 듣고 본 것은 기억을 잘하였으며, 붓을 한번 잡으면 문장력 뛰어나 말을 이어나가곤 하였다. 나이 19세에 진사에 합격하고, 25세에 대과에 합격하여, 안팎으로 요직을 지나 지중추부사에 이르렀다.

공은 어려서부터 호방하고 열심히 일하며, 망가지거나 떨어지는데 얽매이지 않았다.

다른 사람들은 그 깊이를 예측하기 힘들어했다.

공은 사람됨이 엄하고 굳세고 즐겁고 쉽게 추진력이 뛰어났으며, 굳세고 확실하게 하였다.

벼슬에 당하여서도 높은 힘든 일을 처리하며 마치 산처럼 움직이지 않는 것도 처리하였다.

집에 있을 때도 자제들과 함께 있을 때도 조용하며 성격이 맑고 검소하며 옷차림도 채색이 강한 것은 입지 않았으며, 먹을 때도 맛을 따지지 않았다.

벼슬이 비록 높은 자리에 있음에도 집 마당에는 사람들이 번잡하지 않아서 벼슬하지 않는 평범한 집과 다르지 않았다.

공께서 대사성 때에 유생 이백여 명이 임금에게 상소를 올려 우리 선생님을 학교에 남게 해달라고 요청하였다.

'이모는 글공부에 있어서는 모두의 표상이요, 유교에서도 으뜸이십니다. 비록 지방에 백성은 혜택을 받을 수 있으나, 나라의 유생들은 어찌 그 덕을 받겠습니까.'라고 상소문을 올렸다.

연산군 2년 병진년 4월 14일에 돌아가시니 향년 59세였다.

시호는 정숙이다. 부인은 안동권씨로 호조좌랑 온의 딸이다. 무덤이 두개다.

기려 노래하노니,

동짓달 찬바람에 더듬어 찾은 옛 비석 글
한 수레 서쪽을 달려 인천에 머물렀네.

검단 당하동엔 무덤 두 봉분이 엄숙하고
이무기 머리 묘비엔 많은 글자가 새겨있네.
높은 벼슬을 한 집의 뜨락인데 보통 집과 다르지 않았고
유생들이 올린 상소문 머물기를 청함이 뜨거웠도다.
행촌선생 이후 서필이 열렸으니
사학의 이름 있는 집 선비의 향기로다. 전

마음이 거슬리면
말에서 어긋나듯

숨김도 거리낌도
다 같이 드러나듯

찾아라 본받는 이름
가로 뛰고 세로 뜀

욕천 최장호

나라를 바로 보라
말씀을 남기셨다

깊이를 헬 수 없는
큰 마음 가지신 분

선생님 우리 곁에서
마중물이 되소서

노산당 전향아

이름이 법이러니
굳기가 뫼이로다

벼슬길 맡은 일은
한친들 어길쏘냐

고려 때 할배 뜻 따라
나라 역사 지키리

갑고 홍영표

그 귀한 역사책 쓴
훌륭한 할아버지

본받아 올바르게
살아온 선비로다

큰 집안 자랑스러운
이은 이도 크도다

안일당 이원희

딱 한번 듣고 보면
붓으로 그려내니

뛰어남 배우고자
글동무 모여들어

선생님 옷깃 잡으며
가지마라 잡는다

설전 임준신

눈과 귀 밝고 밝아
붓 쥐면 글이 되고

속 또한 곧고 굳어
뫼같이 든든하며

옛날의 할아버지 뜻
이어이어 이었네

우인 경우수

강남죽(江南竹) 계정(溪亭)에는
쌍분이 우뚝하고

터 잡아 곡지(鵠志)하니
순목(舜木)의 바램이다

샛별은 서쪽 하늘에
나라지킴 신선골

가산 임봉훈

그 옛날 역사책 쓴
앞선 이 자랑이라

뜻이어 올바르게
살아온 선비로다

할배 뜻 이수빗돌이
우뚝하다 오늘도

오남 이종관

올곧은 마음가짐
일마다 이루어져

참 삶에 마음 두고
깨끗이 살아가니

선비의 참 모습일세
우러러볼 분이여

서천 조경휘

竹溪公墓

安逸堂 李元熙

冬至寒風雪白文 仁州當到海香豩

碧松雙墓石人配 蒼蘚玄碑螭首紜

先祖杏村庭訓赫 後孫貞肅讚聲炘

儒賢貴爵善治盡 李閥英名長久馧

동지 한풍에 백설이 빛나는데

인천에 당도하니 바다냄새 날리는 도다.

푸른 솔 쌍묘에 석인이 짝하고

푸른 이끼 낀 검은 빗돌 이수의 머리로다.

선조 행촌의 정훈이 빛나는데

후손 정숙공의 칭찬의 소리 높도다.

어진 선비 높은 벼슬로 선정을 베풀었으니

이문의 꽃다운 이름 오래도록 향기롭도다.

竹溪公墓

佳山 任奉壎

東壁黔丹逸史文 竹溪先見鐵城玢
雙墳屈起鳳吟響 累代基盤鵠志紜
夷舜昔時平治特 桓檀古記震方炘
固城閥敍豪歌裡 太白遺風萬世馧

東壁 黔丹에는 正史에서 빠진 기록사가 빛나고
竹溪 공의 先見之明은 固城에서 분분하여라.
우뚝 솟은 쌍분에서 鳳吟의 소리가 울려 퍼지고
累代가 터 잡은 大志와 遠大한 抱負가 紜紜하도다.
옛날 東夷人 舜은 舜木의 太平治國이 특별하였고
桓雄과 檀君의 옛 史記는 震方史에서 빛나리다.
固城이씨 문벌의 敍事를 豪傑이 노래하는 속에
遺風餘烈은 金星처럼 만세토록 香氣 피우리다.

竹溪公墓

梧南 李鍾寛

冬至山河錦繡文 竹溪令墓紫霞玢
桂陽嶺籟頌功績 洌水灘風歌德紜
太學學生留任疏 李門門裔譽聲炘
當官處事公平正 貞肅英名萬代馧[18]

동지 산하가 비단처럼 빛나는데
죽계공의 아름다운 묘에 붉은 노을이 휘날리는구나.
계양산 산바람 소리는 공의 높은 공적을 찬송하고
한강 여울 바람 소리는 공의 수많은 덕을 찬양하는구나.
태학의 학생이 공의 유임을 상소하고
이씨 가문의 후손으로 귀한 예명이 빛나는도다.
관리로서의 처사가 공평 정당했고
정숙공의 꽃다운 이름 만세토록 향기로우리로다.

---

1) 桂陽 : 山名. 계양산.
2) 洌水 : 한강의 이칭.

竹溪公墓

抒滸 趙京彙

冬至反陽天運文 仁川名閥得聞玢
固城李裔黃塋重 堂下螭頭白字紜
直道不搖當行確 執心宜決節意炘
宰臣前後淸貧共 此亦儒家表象馧

동지 해가 돌아오는 때에
인천 명벌 소문 듣고 찾아가니
고성이씨 후예로 황금색 무덤이 중후
당하동 이무기 머리의 비석 흰 글씨가 가득하다.
곧은 도로 흔들림 없이 행함에 확실하고
마음 굳게 잡고 마땅한 결정 뜻의 절개 불타는 듯
재상이 되기 전후의 생활 청빈이 한가지로
이 또한 유가의 표상이 되는 향기.

죽계공묘(竹溪公墓)에서

세온쉰일곱 번째 한가락 모임
때 : 4352(2019)년 12월 21일, 토요일, 흐림, 가랑비
곳 : 죽계공묘 - 인천광역시 서구 당하동

오늘 역사 탐방하는 날, 목적지는 인천광역시 서구 당하동에 있는 조선시대의 인물인 李則의 墓所를 찾는 일이다. 10시 50분쯤 검암역에 도착하니 회원들은 간단한 커피를 나눠 마시며 미도착한 회원을 기다린다. 역 밖에서 이미 출발을 위해 차량이 대기하고 있다. 미리 오신 문중 회장님과 총무 이갑호님은 역사탐방길에 한가락과 함께 한다. 오늘 又仁 회장 자동차와 抒游 회원님의 자동차 그리고 문중에서 준비한 차량 1대로 회원님들을 각각 분승하여 자동차로 이동하였다.

11시 19분경 천주교 인천교구 묘원에 차량 3대 모두 도착을 확인하고 바로 앞에 있는 야트막한 동산을 향한 오솔길을 따라 마른 낙엽을 밟으며 조금 올랐다. 竹溪公 묘소를 알리는 검은 비석이 눈에 톡 들어온다. 가까이 가서 보니 비석에는 누군가 탁본방법을 몰라 인쇄잉크로 두껍게 코팅되어 있다. 그 검은 흔적으로 글씨를 알아보기가 힘들어 조금 답답함을 감돈다.

中觀선생님을 비롯하여 여럿 회원들은 竹溪公에 대한 공손한 예를 표한다. 문중 어르신을 통해 公에 대한 간략한 설명을 듣는다. 竹溪公 묘소는 인천 화수동에 있었으나 일제 때 인천 도시 확장계획에 따라 인천 서구 석남동으로 천묘하게 되었다. 그러나 다시 인천 토지구획정리사업으로 이곳 堂下洞으로 재 이장하였다고 한다.

公의 묘소 앞에서 보니 많은 사람들이 묻힌 천주교묘원도 지역 개발 이익에 따라 혹시나 재개발되어 이장될까 두렵다. 역시 짐승은 가죽을 남기

고 사람은 이름보다 무덤을 남기는 것이 가장 아름답고 중요한 과정 중에 하나이다. 그러나 이곳에 공원묘지에 얼마나 많은 사람들이 이 땅을 떠나지 않고 그 자리를 지킴에 아름다움이 더욱 증폭됨을 느끼게 된다. 언제나 늘 황금빛으로 빛남을 꿈꾸며 그대의 삶이 빛이 되어 피어나는 풀처럼 살아서 숨을 쉴 듯 꿈틀거린다. 삶이 죽음의 강을 건너는 것이 아니라 따뜻한 햇살이 내리는 그곳으로 가는 것이다. 바로 竹溪公 묘소도 그 따스함이 흠뻑 배어서 아지랑이가 올라온다.

12시를 조금 넘기고 문중 총무님을 따라 검암동에 있는 나주곰탕으로 도착하여 식사와 공부를 하기로 한다. 문중 회장님은 방문 답례로 많은 찬조금을 전달하며 오늘 끝까지 참석하고 싶지만 아쉽게 중요한 문중일로 부득이 참석할 수 없어 그 대신 총무님에게 남은 일정을 맡기고 가신다고 한다. 푸짐한 수육을 대접하면서 손수 막걸리를 일일이 따라 주시는 총무님의 精誠이 목구멍으로 감미롭게 술술 넘어감을 느낀다. 그리고 李适에 대한 재평가 등 많은 이야기가 오갔으며 公에 대한 공부가 더욱 기대되는 바이다.

중관선생님이 준비하신 자료로 이내 公에 대한 공부를 바로 이어갔다. 竹溪公의 묘소는 인천광역시 서구 堂下洞에 모셔졌고, 公의 諱는 則이며 字는 叔度이고, 號는 竹溪이고 諡號는 貞肅로 固城李氏이다. 할아버지의 할아버지는 고려시대에 檀君世記를 쓰신 杏村 文靖公 李嵒이다.

公의 사람 됨됨이가 엄하고 굳세며 마음이 즐겁고 편안하며 소탈하고 창달하며 굳고 확실하였으며, 관리로서 일을 처리하매 우뚝 솟은 모양이 산과 같아 가히 움직여 흔들 수가 없었다. 집에서는 무겁고 묵묵하여 자제들과 같이 앉아 있을 때 일찍이 한마디 말도 나누지 않았다. 성품이 맑고 검소하여 옷도 이상한 채색으로 꾸미지 않았으며 먹는 데는 반찬을 거듭 놓지 않았다. 비록 지극히 貴顯하더라도 門庭이 고요하고 엄숙하여 가난하거나 벼슬이 없었던 때와 다름이 없었다.

大司成으로서 觀察使에 나가게 되니 "李某는 斯文의 表像이요" "吾道의 宗主"라고 하며 2백여 명의 학생들이 모여서 글을 올려 머물기를 청하였다.

공부하는 곳이 식당인 관계로 한시와 시조창은 가슴으로 부르고 목으로 부르기를 생략했다. 끝으로 七言律詩를 쓰실 분은 선생님의 讚詩의 次韻을 활용하여 쓰시라고 하시며 公의 한결같은 검소한 생활과 일할 땐 산처럼 우뚝하여 흔들림이 없는 선비의 참모습을 마음을 담아 시조를 지어보라고 하신다.

杏村 文靖公 李嵒을 비롯해 固城 李氏는 대대로 빛난 높은 벼슬과 가문의 先業을 잘 이어왔도다. 높다랗고 깊음의 정신은 끝이 없어 흘러 지금까지도 우리나라의 큰 뫼가 되어 白頭山脈에서 뻗어 내려온 기운은 산봉우리가 되어 太白山脈을 만난다. 公도 이에 못지않게 한평생 오직 經國濟世를 자기의 책임으로 여기고 光明正大함을 마음으로 삼아 살아왔다.

그 후 세월이 흘러 李适이 兵馬節度使를 맡고 있을 때는 後金의 강성으로 언제 침략을 받을지 모를 긴박한 정세였다. 서인 세력과 함께 仁祖反正 성공을 이루는 데 큰 공을 세웠으나 아무런 까닭이 없이 逆謀라는 汚名을 붙여 한줌의 알아줌도 없이 버림을 당해 그만 固城 李氏의 날개를 꺾기고 말았다. 그러나 1925년 9월에 대한민국임시정부 國務領에 취임하신 石洲 李相龍선생도 역시 固城 李氏의 혈맥을 잇고 있다.

시계는 15시 30분을 알린다. 식당을 나오니 눈을 먹은 겨울비 조금 내린다. 내일은 1년 중 밤이 가장 긴 冬至날이다. 이제 하루만 더 지내면 거센 봄바람이 날이면 날마다 북으로 휘돌아 올라갈 것이다. 마치 제주의 따스한 바람이 바다건너 太白山脈을 올라타서 白頭山脈의 끝자락 있는 산봉우리의 눈을 반드시 녹게 하리라.

자동차 운행방향에 따라 又仁 회장 및 抒游 회원 차로 구분 탑승하고 그리고 문중 총무님의 차량엔 남은 회원님을 태워 검암역까지 이동하고 다음 역사탐방을 기대한다.

욕천 최장호 씀.

죽계공묘(竹溪公墓)에서

세온쉰일곱 번째 한가락 모임

때 : 4352(2019)년 12월 21일, 토요일, 흐림, 가랑비

곳 : 죽계공묘 - 인천광역시 서구 당하동

己亥年 동짓달이다. 새벽 닭울음소리와 함께 새벽길에 오를 差備(차: 채비)를 한다. 설렌다. 祕話와 祕史가 기다리고 있다. 학술탐방이다. 다행하게도 우리 동네는 마을버스 등 교통이 편리하다. 식사동(食寺洞)이다.

麗末 麗朝의 祕史를 간직하고 있는 속칭(俗稱), '절밥동네. 또는, 御寢(어침)이'라고 한다. 그러나 혼란한 20세기 국제질서는 史蹟의 洞名(동명)이 'Wicity'로 개명되었다. 개발시대의 장사 속 산물이 아닐까? 역사적 意味가 歪曲(왜곡)되고 있다면 必히 바로잡아야 한다. '큰 바윗돌에 陰刻한 食寺洞 由來碑(식사동 유래비)'가 모두이다. 안타까운 일이다. 바로잡아야한다. 時代的 각성을 가슴에 안고, 인천시 西區(黔岩面: 一名 黔丹)에 있는 현장을 찾아간다. 固城 門閥의 竹溪公 墓苑이다. 현장을 살피고 학술적 자료 수집을 하게한다.

3개월(3회) 뒤에는 한권의 同人誌가 誕生한다. 每 年中 定日은 四月二十九日이다. 滿 三十年의 三十卷 째 出版記念日이다. 檀國 有史以來 처음 있는 史料 集大成? 大業임을 確信하면서 집을 나선다.

檀紀 4352년(2019) 12월 21일이다. 마을버스에 몸을 싣는다. 京義線으로 換乘한다. 列車는 滿席이다. 한 中年婦人은 자리를 讓步(양보)하면서 앉으라고 한다. 辭讓(사양)하여도 재차 勸한다. '감사합니다.' 白衣민족의 뿌리 깊은 傳統文化의 禮節에 感動함이다. 우리 先祖들의 자랑이요, 遺風이다. 亂世처럼 무질서한 昨今의 社會相과 비유해보면 흔하지 않은 드문 일이다.

공손한 그 모습은 선녀(仙女)라 할까! 漢文圈 文化國家의 철학이 사라지는 時代的 苦衷을 토로(吐露)하고, 깨우침이 아닐까! 오늘 같은 날 고마운 마음 列車에 싣고 달려간다. 倚子와 등받이까지 따뜻하다. 훈훈(薰薰)한 안방이다. 구들장文化에 魅了(매료)된다. 四海로 뻗고 달려가는 한국(korea)의 力動的 힘! 最高 最新型 列車? 이것이 大韓民國이다. 奇蹟의 나라! 漢江奇蹟!의 현주소이다.

서울驛發 仁川行 鐵道 공항 열차로 갈아탔다. 高陽市 江梅 벌을 달린다. 아침 햇살에 물새들이 곡예비행을 한다. 十字길 自由路와 鐵橋는 바다같이 넓고 큰 강을 橫斷한다. 잔잔한 강바람에 반작이는 물결이 춤을 춘다. 금강산과 太白山 精氣가 흐르는 아름다운 아리수(漢江)이다. 활기찬 風光에 사로잡힌다. 江邊 숲속의 해돋이와 물안개 노을이 아우르는 절경은 大自然의 極致이다. 달리는 列車는 관광의 魅力을 느끼게 한다. 유창(劉暢)한 4개국 言語로 안내를 한다. 內外國人 등, 利用客들에게는 접근성의 편리함과 멋을 제공하고 있다. 首都서울의 모습이다. 승객들은 讚辭를 아끼지 않는다고 한다.

世界 10位圈 經濟大國의 關門이다. 또한, 공항의 便利性과 施設規模에서 8회 連續 1위로 자리매김하고 있다. 놀라지 않을 수 없다. 지난날 GNP 60불~70불에 불과한 時代를 살아온 우리들이 아니던가? 한 걸음 한 걸음 걸어왔다. 바꾸어 왔다. 前進(전진)! 前進! 또, 前進하며, 발전하는 保守的 進步國家로 自由經濟 民主主義의 꽃을 피워왔다. 堯鼓舜木(요고순목)의 德治는 豐饒롭고 太平한 시대를 누리게 하였다. 그러나 近者에 와서 나라 안밖이 편하지 않다. 亂世다. 국민들은 불안의 연속이다. 和平을 기다린다. 黔巖驛(검암역)이 가까워지고 있다. 下車를 한다. 안녕 하세요!

먼 길임에도 이미 도착한 회원들은 반갑게 서로 인사를 나눈다. 삼삼오오 집결한다. 오랜 세월을 함께한 회원들의 정겨운 모습이다. 문중에서도 소식을 듣고 常勤(상근)총무를 비롯하여 여러분들이 참여 하였다. 극진하게 손님맞이를 한다. 특별한 대접을 받았다. 감사하고 고마웠다. 선생님의 준비된 자료에 따라 강론을 들었다. 국치일(國恥日)과 桂延壽(계연수)의 桓

檀古記(환단고기)와 杏村故事(행촌고사)에 서려있는 이야기였다. 성균관 대학교 명예교수인 이기동 박사의 著書와 다수의 참고자료를 주었다. 韓日 관계와 치욕적인 역사를 되새기는 시간이었다. 想念에 빠진다.

잊을 수 없는 1910년이다. 大韓帝國의 恥辱的 亡國(치욕적 망국)이었다. 오판한 治者들의 史禍는 오늘날의 分斷國이 되고 말았다. 슬프고 痛嘆할 일이다. 많은 百姓들은 凍土의 땅에서, 千萬里 먼 땅에서 나라 지키기 위하여 목숨 걸고 光復 活動을 하였다. 父系 나라인 우리家庭(族)은 世系를 기록한 家乘考가 있다. 하여, 이어지고 있듯이 나라에는 반드시 歷史가 있다. 그러나 東北亞를 누리던 契(글)의 나라(漢文圈) 文化民族이라고 自處한다면 上古, 中世, 近代史 등에서 아쉬움이 많다. 中國 二十五史 史錄과 가깝게는 만주 및 연해주 등의 遺跡, 有史, 遺事들이 있다. 한문권 문화 민족으로서 指導者들은 覺醒해야 한다. 史學者들의 몫이다.

桂延壽는 옛 기록을 인용함에 있어 一然의 三國遺事로부터 시작한다. 三聖紀. 北扶餘紀. 太白逸史. 檀君世紀를 합하여 桓檀古記라 한다. 國恥日 이후 2년에 걸쳐 엮었다고 한다. 僞書(위서)다. 아니다 등, 論難이 있음은 사실이다. 그러나 固城閥門 李嵒의 後裔인 竹溪(歷 內外 要職 知中樞副使 등은 家風과 事迹보존에 정성을 다하고 있었음을 볼 수 있다. 일본사람은 발 뿌리에 체이는 돌 하나도 역사성이 있다면 귀하게 보전 한다고 한다. 바위(돌) 하나가 일본으로 떠내려가 보호하고 있다는 속설이 전한다. 三國遺事의 연오랑(延烏郞) 세오녀(細烏女) 이야기가 흥미롭다. 포항의 虎尾串(호미곶)에서 전하고 있다. 경상남도의 青鶴洞에는 三聖宮이 조성되어있고 天安의 黑城山자락에는 檀君상을 비롯하여 上古史 중요 인물들을 石像 조각으로 보존하고 있다. 한반도와 東北亞 古代史를 그림으로 刻印하고 있음이다. 上古史를 올바르게 정립하는 것은 君子(指導者)들의 責務요 몫이다.

지나간 역사를 되새기게 한다. 근대사는 6.25事變과 朴正熙 將軍의 軍事革命이다(1961년). '70불? 에서 3만 불의 부자 나라가 될 때까지는 60年 歲月이 흘렀다. 故 朴正熙 대통령의 새마을운동은 民族正氣를 살리고 탈 빈곤정책의 성공으로 안정된 經濟발전과 政策의 초석이 되었다. 小國이지만 세계인들이 羨望(선망)하는 大國이 되었다. 韓流가 말한다. 漢江奇蹟이다. 기적을 이룩한 고 박정희 대통령은 희대의 英雄이다. 未來를 約束해주는 偉大한 나라가 되었다. 檀國民族史의 東夷人이다. 자랑스럽다. 국치일과 광복, 6.25사변과 군사혁명의 어려움을 극복한 지혜로운 人傑이다. 한편 亡國의 岐路에서 衛國(위국)위한 桂延壽의 발상과 애국심은 평가받는 것이 마땅하지 않을까? 라고생각을 한다. 恥辱史 이후 世界2次世界大戰, 光復과 建國, 六二五事變, 自由民主主義 國家건설 등의 奇蹟같은 發展相은 記錄史에서 홍미롭고 영원하리다. 지도자들의 책무요 몫이라는 것을 거듭 강조해 본다.

공항열차가 보여준 奇蹟같은 近代史를 즐기게 하고, 冬至를 하루 앞둔 歷史探訪은 보잘것없는 洞名 하나라도 事迹대로 바로 잡아야 한다는 教訓과 보람된 時間이었다. 竹契公墓 墓苑에서 正史와 遺事, 俗說 등을 다시 한 번 돌아보게 한다. 期會가 되었고, 동인지의 刻苦 勉勵(각고 면려) 三十週年을 살피게 한 시간이다.

가산 임봉훈 씀.

358. 광모재(廣慕齋)에서

큰 집안 몸이어니
너그런 마음으로

재주도 남다르게
앞장서 가야한다

그렇다 새암꾼들이
들렐지도 모르니

최중관

▲ 광모재

▲ 광모재 앞에서

▲ 용헌공묘

▲ 용헌공 공부를 하며

358. 廣慕齋(광모재)

廣慕齋在京畿道廣州市木洞李容軒公追慕處也公諱原
광모재재경기도광주시목동이용헌공추모처야공휘원

字次山號容軒系固城李氏高祖諱尊庇密直副使曾祖諱
자차산호용헌계고성이씨고조휘존비밀직부사증조휘

瑀判三司事祖諱嵒都僉議侍中考諱岡密直副使妣郭延
우판삼사사조휘암도첨의시중고휘강밀직부사비곽연

俊女以高麗恭愍王十七戊申年生公自幼穎悟年十八文
준녀이고려공민왕십칠무신년생공자유영오년십팔문

科試官圃隱曰父未盡才德有如此子皆天意也出仕歷內
과시관포은왈부미진재덕유여차자개천의야출사역내

外職朝鮮世宗朝至左議政以偉壯俊秀人品隨行中國使
외직조선세종조지좌의정이위장준수인품수행중국사

臣應陳賀唱和皇帝黃髯宰相數來如何哉爲人忠直廣度
신응진하창화황제황염재상삭래여하재위인충직광도

正學以完備君子之資也對人寬大無飾無私心以敬思想
정학이완비군자지자야대인관대무식무사심이경사상

實踐者內敬外信發顯者也世宗八年以奴婢不法取得流
실천자내경외신발현자야세종팔년이노비불법취득유

礪山同十一年己酉六月十九日卒享年六十二也諡襄憲
여산동십일년기유육월십구일졸향년육십이야시양헌

有文集配陽川許氏典理判書錦女後配全州崔氏軍簿摠
유문집배양천허씨전리판서금녀후배전주최씨군부총

郎丁智女墓夫雙封也嗚呼世宗代拜相兮稱太平宰相哉
랑정지녀묘부쌍봉야오호세종대배상혜칭태평재상재

禮吏兵判兮政務寬平哉憲長文衡兮儒風正立哉讚曰
예 이 병 판 혜 정 무 관 평 재 헌 장 문 형 혜 유 풍 정 립 재 찬 왈

小大寒中冬色元　一車南出廣州翻
소 대 한 중 동 색 원　일 거 남 출 광 주 번

飛檐瓦屋丹青肅　幽宅雙封夫婦溫
비 첨 와 옥 단 청 숙　유 택 쌍 봉 부 부 온

名閥家人君子賑　外邦聖主至親尊
명 벌 가 인 군 자 진　외 방 성 주 지 친 존

纔過耳順天呼出　偉壯多才誰妬諠
재 과 이 순 천 호 출　위 장 다 재 수 투 훤

358. 광모재(廣慕齋)

광모재는 경기도 광주시 목동에 있다. 이용헌공을 추모하는 곳이다.

공의 휘는 원이요, 자는 차산, 호는 용헌이다. 고성이씨이다.

고조의 휘는 존비, 밀직부사이다.

증조의 휘는 우, 판삼사사이다.

조의 휘는 암, 도첨의시중이다.

고의 휘는 강, 밀직부사이다.

어머니는 곽연준의 딸이다.

고려 공민왕17년 무신년에 공을 낳았다.

공은 어려서부터 영특하여 18세에 문과에 합격하니 당시 시험관 목은선생이 말씀하시기를, "아버지는 재주와 덕을 다하지 못하였는데 이와 같은 아들이 있었으니 하늘의 뜻이로다." 하다.

벼슬에 나아가 안팎으로 여러 직책을 지나 조선 세종 조에 좌의정에

이르렀다.

인품이 크고 씩씩하고 준수하였다. 중국사신을 수행할 때에 하례하고 응답함에 있어 중국 황제가 말하기를,

"누런 수염을 가진 재상이여. 이와 같이 자주 오라." 하였다.

공은 사람됨이 충직하며 광대하고 법도가 있어 정학을 공부하였으니, 군자의 자질을 완전히 갖추었다.

사람을 대함에 있어 관대하고 꾸밈이 없으며, 사심이 없었다.

공경사상을 실천하였으니 안으로 공경하고 밖으로 믿음을 발하였다.

세종 8년에 노비를 불법으로 취득하였다가 여산으로 유배를 떠났다. 같은 해 11년 기유년 6월 19일에 돌아갔다. 향년 62세였다.

시호는 양헌이고 문집이 있다.

부인은 양천허씨로 전리판서 금의 딸이다.

두 번째 부인은 전주최씨로 군부총랑 정지의 딸이다.

산소는 쌍봉으로 나란히 있다.

오호라, 세종대 재상으로 임명되어 태평재상이라 칭하였도다.

예조 · 이조 · 병조 판서여. 정무에 너그럽고 공평하였도다.

헌장 우두머리, 글 짓는 대제학이여. 선비의 풍모를 바로 세웠도다.

기려 노래하노니,

소한 대한 가운데 겨울 찬바람 높은데
한 수레 끌고 남쪽 광주로 달렸다.
나는 듯 한 처마 붉은 단청이 엄숙한데
산소 쌍봉으로 부부가 나란히 누웠도다.
이름난 집안 군자의 자질 다 갖추었고
다른 나라 성주도 지극히 높여주었네.

겨우 예순을 지났는데 하늘에서 부르니
잘나고 재주가 많아 시기질투를 했나보다. 전

안으로 듬직하고
밖으로 믿음주고

새암꾼 헐뜯으나
몸가짐 올바르다

하늘의 할 일이 있어
저렇게도 서둘까

욕천 최장호

재주를 숨긴 것을
하늘이 알았으니

나라에 앞장서라
시간을 주었는데

시샘을 이기지 못해
놓고 가야 할 밖에

노산당 전향아

넓은 골 나무 마을
참 어른 여기 모셔

너그런 안팎 됨에
갖춰진 학문이라

남달리 가진 재주는
큰 정치의 힘인데

갑고 홍영표

집안이 훌륭하니
마음도 넉넉하다

언제나 바른길로
남달리 깨끗하게

그러니 이은이들도
반듯하지 이렇게

안일당 이원희

어진이 가려 한 말
아버님 모습이라

재주가 뛰어나면
시샘도 따르는가

오늘도 먼 뒤 아들들
높으신 뜻 섬긴다

설전 임준신

어진이 가려 한 말
아버님 모습이라

재주가 뛰어나면
시샘도 따르는가

오늘도 먼 뒤 아들들
높으신 뜻 섬긴다

우인 경우수

문형(文衡)은 알고 있다
잘나도 문재(文才)이고

못나도 문제(問題)인걸
형산록(衡山麓) 찾아간다

모자람 탐화롱(探花弄) 하고
노래하니 지각훤(地角諠)

가산 임봉훈

큰 어른 할아버지
집안이 훌륭하다

넉넉한 마음 씀씀
재주도 남다르다

펄펄펄 날리는 눈 속
눕자리도 포근타

오남 이종관

올곧게 태어나서
배움 길 널리 하고

끝없는 너그러움
바라길 고요한 삶

새암꾼 강짜 놓은들
드날리네 그 이름

서천 조경휘

廣慕齋

安逸堂 李元熙

臘月小寒冬氣元 容軒偉像廣州翻
飛檐齋室棟梁艶 蒼蘚碧苔童子溫
宰相善治爲國獻 賢君良士盡忠尊
儒風振作享天壽 襄憲聞譽誰可諠

설달 소한이라 날이 몹시 추운데
용헌공의 우뚝한 위상이 광주에 번뜩이도다.
나는 듯 한 처마에 기둥이 아름답고
푸른 이끼 낀 동자석이 따뜻하도다.
재상은 선치하여 나라를 위하여 몸 바치고
어진 임금 밑에서 착한선비 충성이 높도다.
유풍을 진작하여 천수를 누리니
양헌공의 칭찬 누가 가히 잊을 수 있겠는가.

佳山 任奉壎

才德補遺天意元 廣州木洞慕齋翻
衡山麓下儒風焃 幽境深長隱士溫
未盡薰陶名句贊 太平宰相世家尊
仙鄕雪嶺探花弄 卓傑吟歌地角諠

才德이 빠진 것을 채우는 것은 天意의 '德'字인데
廣州 木洞에서 敬慕하는 재실이 드날리고 있네.
文衡山 산기슭 아래는 儒訓과 俗風이 빛나는데
意味 깊고 조용한 곳에 따뜻한 隱士(圃隱)가 있도다.
"아직 다하지 못하였다"는 薰陶의 名句를 기리는데
태평천하의 宰相은 존경받는 世道와 家風이로다.
仙鄕의 눈 쌓인 봉우리를 探花하고 희롱하는데
卓傑이 부른 노래 大地 모퉁이에서 떠들썩하누나.

---

1) 衡山(文衡山) : 경기도 廣州(木洞인근)에 있는 산 이름.
2) 探花 : 꽃을 찾아 구경 함(探花郎).
3) 地角 : 大地의 모퉁이. 땅의 끝.

廣慕齋

梧南 李鍾寬

臘月雪寒冬色元 容軒偉像漢州翻
檐端遠岫頌貞肅 檻外長江歌德溫
拜相賢君臣子賑 太平聖代善治尊
儒風定立亨天壽 襄憲英名豈可諠

찬 눈 내리는 섣달에 겨울 빛이 한창인데
용헌선생 우뚝한 모습 광주에 번득이네.
처마 끝 먼 산은 공의 정숙함을 찬송하고
난간 밖 장강은 공의 따뜻한 덕을 찬양하는도다.
어진 군왕 밑에서 경상을 지내니 신하로서 넉넉하고
태평성대에 아름다운 정치는 존귀하도다.
조선조 초의 유풍을 정립하여 천수 누리니
양헌공의 꽃다운 이름 어찌 잊을 수가 있겠는가.

廣慕齋

抒浒 趙京彙

庶近立春生物元 抑寒探訪廣州翻
瓦家韓屋雄姿肅 草茅封墳重厚溫
寬大飾無私欲絶 敬眞彰顯太平尊
學優忠直賢資實 政務儒風聳擢諠

입춘이 가까워져 싹이 남에 으뜸 일세
추위에 불구하고 광주를 탐방하니
기와집의 한옥이 웅장하고 엄숙
잔디 덮은 봉분은 중후하고 따뜻한 듯하다.
관대하고 꾸밈이 없이 사욕도 없고
공경과 진실을 창현히 하여 태평을 드높이네.
널리 배우고 충직함이 현자의 자질
일 함에 힘씀이 선비풍으로 높게 빼어남에 떠들썩하다.

---

1) 草茅: 잔디.
2) 擢: 빼어나다 탁.

광모재(廣慕齋)에서

세온쉰여덟 번째 한가락 모임
때 : 4353(2020)년 1월 18일, 토요일, 맑음
곳 : 광모재 - 경기도 광주시 목동 277-3

2020년 1월 18일 첫 달 셋째 토요일에 시작되는 한가락 모임 358회 모임 날이다.

오늘 모임은 경기도 광주시에 있는 삼동역에서 11시 만남이라, 아침시간을 너무 서두루지 않아도 되고 지하철이라 길도 막히지 않아 예상시간 정확할 것이고 해서, 여유롭게 혜화역에서 출발, 충무로 환승, 양재역에서 또 환승, 판교에서 또 환승해서 도착하니 1시간 20분 걸린다.

1월 달이지만 날씨는 겨울 같지 않고 포근해서 너무 두꺼운 옷을 입었더니 덥다.

조금 일찍 도착하여 기다려야 할 것 같아 미리 온지라 지형을 살펴보니, 시골마을이지만 깨끗하고 성남과는 가까운 거리이고, 인천도 40분 거리라 고하고 강남도 40여분 거리라고 하니, 그곳으로 출퇴근도 할 만한 공기 좋은 곳인 것 같다.

삼동역엔 문중 총무이신 이진록씨가 미리 나오셔서 기다리고 계셨다.

시간이 되어가니 중관선생님을 모시고 서천이 왔고, 우인, 석초, 욕천, 서정원, 변충근, 한홍식, 문광, 금동창, 그리고 나까지 총11명의 한가락 회원들은 3대의 승용차를 나누어 타고 산소로 갔다.

역에서 그리 멀지 않은 곳에 잘 가꾸어진 문중의 가족묘지이다.

가족묘지 중에 가장 머리 윗자리에 공의 산소와 부인의 산소 쌍분의 커다란 봉우리로 편안히 누워 자리하고 있었고, 그 밑으로 칸칸이 여러분들

의 산소가 세월을 비석에 담고 있었다.

공의 산소 앞에는 물론 혼유대가 있었고, 그 앞에 등불대, 양 옆엔 문석과 양을 세워놓았다.

양은 순한 동물로서 산소를 잘 지켜가라는 염원으로 세워놓았고, 문석은 벼슬하였던 공의 신분을 나타내는 것이다.

특이하게도 혼주석이란 기다란 세움 돌이 없었다.

혼유대는 멀리서도 잘 보이게 기다란 돌을 산소 옆에 세워놓는 것이다.

산소자리는 일단 빛이 잘 들었고, 좌청룡 우백호가 포근히 산소를 감싸 앉고 있으니, 얼마나 아늑하던지 바람을 막아주어 아주 좋은 자리구나 하고 절로 감탄이 나온다.

그리고 앞이 시원하게 멀리 저 멀리 산이 굽어 굽어지고 있으니 후손들의 번성함도 느낄 수 있는 명당자리임에 틀림이 없다.

다 같이 경건한 마음으로 참배를 올리고 나서 나란히 단체 사진도 밝게 찍었다.

시간은 12시가 조금 지났다. 산소를 내려가 후손의 양 어깨를 으쓱하게 해주는 고성이씨의 선대님 업적을 공부하러 갈 차례이다.

마을은 조그마한데 대체적으로 공장이 자리하고 있었고, 인가는 별로 없는 그래도 조용한 마을에 자리하고 있는 재실은, 넓은 마당에 신도비각이 있으며, 비각엔 '용헌공 이원선생은 천품이 고매하고 학문이 깊어 태종조에 훈공이 혁혁하였고, 세종조에 태평성대가 있게 한 명재상이시다.'라고 쓰여 있었다.

비석에 쓰여진 글은 마모되어 직접 읽기는 어려웠지만 자세한 내용은 비각에 있었다.

그 옆에는 광모재에 대한 안내판이 있다.

광모재는 세종조 좌의정 용헌공 이원선생(1368-1429)의 재실이다.

선생은 고려시중 행촌공(杏村公) 암(嵒)의 손자이다. 행촌공은 단군세기를 저술하신 분이시다.

광모문을 지나니 광모재라는 커다란 재실이 있었다.

광모재라는 현판도 시원하게 잘 써서 달아놓았다.

오늘은 날씨가 포근하고 볕이 좋아 마루에서 공부를 해도 되련마는 총무님이 방으로 안내를 하셔서 방에서 공부를 하였다.

광모재는 커다란 마루 양쪽으로 방을 만들어 놓았고, 우리는 들어서면서 오른쪽 방에 빙 둘러앉아서 공부하였다.

중관선생님의 '광모재는 이용헌공을 추모하는 곳이다.'라는 우렁찬 목소리가 재실을 가득 메웠다. 언제 들어도 나이를 헬 수 없는 중관선생님의 커다란 목소리는 좌우의 학생들을 숨죽이게 만든다. 멋진 힘이 들어있는 건강한 목소리다.

강의를 마치니 늦은 점심시간이 되었다.

문중에서 마련해 주신 샤브샤브 칼국수를 맛있게 먹었다.

끝까지 안내를 맡아주시고 수고를 해주신 이진록 총무님께 감사인사와 아울러 문중의 새로운 계획도 잘 진행되시고 번창하시기를 빌면서 이만 마친다.

노산당 전향아 씀.

엮고 나서

경자년(庚子年) 새해 벽두부터 무색(無色) 무취(無臭)의 세균전쟁으로 세계가 공포에 떨고 있다. 쉽게 끝날 줄 알았는데 3월 달인데도 불구하고 가닥이 잡히지 않으며, 전파력이 너무나 강하여, 우리 한가락 30주년이 완전히 망가질 수 있는 위기의 상황이 닥쳤다.

어쩌겠는가. 우리뿐만 아니라 세계인 모두가, 생명이 담보로 잡혀있는 어려운 시기이니 우선순위가 교체될 수밖에….

산천은 봄을 맞이하느라 꿈틀대고 있는데 정작 사람들 마음은 봄을 맞이할 기운을 얻지 못하고 있다.

삼삼오오 모이기를 꺼리며, 조심스러워 하고 있으니 봄볕의 소중함도 맘껏 누릴 수 없다. 백번 양보하면서 어렵게 원고를 모아 한가락 30주년을 준비하게 되었다.

얼마나 위대한 30년인가. 산천초목이 아름다운 꽃을 피웠다 지기를 서른 번이나 반복하였으니, 아무리 겸손한 사람이라도 울렁이는 가슴을 억누르기 어려운 벅찬 감동이니만큼, 자화자찬을 하는 것 같아도 하나도 부끄럽지 않다.

한가락 회원님들의 소중한 것을 보듬고 지켜가려는 진중함이 10년을 견디었고 20년을 버티어서 30년이 되었으니, 한 분 한 분 모두에게 박수를 보내드리고 싶다.

한가락 회원님들의 아름다운 협조로 무사히 갈무리되었음을 무한히 감사드리면서, 30년을 한결 같이 이끌어주시는 큰 스승님 중관 최권흥 선생님께 두 손 모아 감사의 큰절을 올립니다.

아울러 최고 중에 최고 우리 한가락 회원님 모두 모두 건강과 안녕을 빌면서….

2020년 3월 21일

와룡산 줄기 창가에 앉아
한가락 총무 전향아 씀

◆ 부록

歷史探訪講論資料

차례	곳	고을	사람	어떤 이
348	德峯書院	경기 안성	吳斗寅	조선 선비
349	薪谷公墓	경기 김포	尹 棨	〃
350	淸心齋	〃	沈達源	〃
351	參贊公墓	〃	閔應亨	〃
352	寒齋祠堂	〃	李 穆	〃
353	樗軒齋	〃	朴 信	여말·선초 선비
354	表忠祠	〃	閔仁伯	조선 선비
355	伊溪公墓	경기 양주	申公濟	〃
356	耕隱公墓	인천 서구	趙瑞康	〃
357	竹溪公墓	〃	李 則	〃
358	廣慕齋	경기 광주	李 原	조선 선비

德峯書院

德峯書院在京畿道安城市陽城面德峯里海州吳公追慕處也公諱斗寅字元徵號陽谷高祖諱壽億贈兵曹判書曾祖諱定邦慶尚右道兵馬節度使祖諱士謙贈左贊成考諱翽慶尚道觀察使妣固城李氏參判成吉女以朝鮮仁祖二年甲子九月三十日生公生父諱翔也自幼沈靜簡重不事矯飾文科歷華職至正憲大夫刑曹判書兼五衛都摠府都摠管肅廟朝己巳換局仁顯王后遜位問題以抗章直諫義州流配中以杖毒卒也己巳五月七日享年六十六贈領議政謚忠貞配驪興閔氏判書聖徵女後配原州金氏學生崇文女三配尚州黃氏府使延女也書院京畿道文化財第八號陽谷公神道碑安城市鄉土遺跡二十三號養父天坡公十五歲曰再掌湖南萬甲兵無邊草木識威名英雄事業須今日肯顧兒孫惜別情嗚呼父子有親今父子俞然哉讚曰

穀雨春風南渡江　德峯書院輙停筇
瓦家楣號里名合　旌閭表言新筆厖
肅廟圮壙呼換局　疏頭極諫銃無雙
遠流中道不歸客　節義貞忠長久晄

薪谷公墓

薪谷公墓在京畿道金浦市高村邑薪谷里公諱棨字信伯號薪谷又林湖南原尹氏高祖諱澄見時事杜門不擧曾祖諱又新知中樞府使贈左贊成諡貞憲祖諱暹校理以壬亂巡邊使殉節贈領議政諡文烈考諱衡甲瑞興縣監贈吏曹判書諡文康妣昌原黃氏監司致敬女以宣祖三十六年癸卯八月十七日生公自幼有奇度不類凡兒少孤與弟集棨依外氏自勵爲學工書善屬文業成又能敎其弟身兼師友丁卯胡亂上幸江都公上疏論和議之非是年文科歷諸華職仁祖十四年丙子出爲南陽府使至冬后配喪闋以不勝慟當三朞之日猝聞胡亂警不待朝馳南漢山城十二月二十八日被執殉節享年三十四也贈吏曹判書諡忠簡配東萊鄭氏府使世美女次配密陽朴氏正郞鼎元女三配金氏縣監德民女嗚呼委禽日之忠國今忠之忠中最高哉讚曰

孟夏薰風誘四支　金陵當到一墳奇
三封橫列陽光好　五石正顔誠敬離
太學生徒和論斥　委禽禮日爲忠馳
名門代代思魂號　必也雲仍享大禧

清心齋

清心齋在京畿道金浦市大串面藥巖里青松沈公追慕處也公諱達源字子容高祖諱温領議政曾祖諱澮青松府院君祖諱湲内資寺判官考諱順門議政府舍人贈領議政妣平山申氏司憲府監察永錫女以成宗二十五年甲寅二月生公早孤力學母夫人親誨聰明過人書一再過輒皆成誦至志學徒庭試及長師事慕齋二十四歲登文科歷諸職至掌樂院正其間派宗家諱涧下入養也中宗三十年乙未十一月二十二日忽感病不起壽四十二也贈吏

曹判書墓在金浦市通津邑瓮井里藥山庚坐甲向配坡平尹氏吏曹參判希仁女生四男一女墓雙墳享年七十二也嗚呼琴書寓興扁堂兮風流一生化身哉門閥寬洪養父兮通明大人養子哉至人達士道家兮蓬萊瀛洲神仙哉十有二卷文集兮二次外亂亡失哉才厚命薄古語兮爲誰何爲歎食哉讚曰

端午回來陰漸微　金陵深谷一墳禨
雙封護石純然美　諸種備形高狀緋
樂院職場風韻潤　養家庭訓寬洪巍
琴書寓興扁堂裏　惜也何如無命徽

參贊公墓

參贊公墓在京畿道金浦市月串面古幕里公諱應亨字嘉伯系驪興閔氏高祖諱季曾敎寧僉正曾祖諱叢宗親府典籤祖諱致中贈承旨考諱護承旨贈贊成妣南陽洪氏禮曹佐郎翼世女以宣祖十一年戊寅生公年纔舞象嶷然成人左侍二親右挈同氣衣服厚薄朝夕糊口皆由公辦三十五歲文科翌年以光海廢母論隱遁仁祖反政後刑曹佐郎持平掌令司諫大司諫知中樞府使大司憲顯宗三年右參贊同年七月十九日卒享年八十五也文殊山乾坐葬也配原州李氏護軍梃植女生一女後配江陵崔氏僉知基錫女無子以淮陽公第二子煦入養也嗚呼從心皆悅高齡兮宦路直言益强哉晝夜國事盡力兮過門不入馬篚哉疊々官事處決兮家庭小事不顧哉送鳥之禮兩次兮膝下之福不知哉二品官職聞達兮皆悅過年無嗣哉噫天兮何由乎讚曰

南北東西辨魯魚　金陵深谷輒停車
二人合窆大幽宅　十丈高碑螭首琚
直諫四王忠義盡　倚天兩雁信誠儲
從心皆悅克無嗣　先國後家叮囑初

寒齋祠堂

寒齋祠堂在京畿道金浦市霞城面佳金里貞簡公追慕處也公諱穆字仲雍系全州李氏高祖諱伯由完城府院君曾祖諱粟都承旨祖諱孫若高城郡事考諱閏生定略將軍忠佐衛副司果妣南陽洪氏以成宗二年辛卯七月生公修學金宗直門下十九歲司馬試進士科送雁禮安金氏大司成金首孫女也二十五歲燕山君元年乙卯大科壯元自正六品職歷諸華職爲永安南道兵馬評事入湖堂賜暇讀書成宗病中大妃施淫祀率儒生杖逐巫女又上疏文中有領相尹弼商奸鬼之指目以流公州翌年解也燕山君四年戊午史禍七月二十六日處刑享年二十八也後甲子士禍剖棺斬屍後贈二品官職吏曹判書賜諡貞簡不祧之典天人一致思想主唱者有文集其中錄之茶賦倘最初茶書哉祠堂境內屹立寒齋茶亭也上疏文難何今領相烹刑難哉讚曰

昔日其誰重國虞　金陵停轡一祠瞻
飛檐瓦屋神宮肅　螭首墓碑龜背趺
領相烹刑奸鬼疏　公州流解史談殊
茶文創作築亭裏　而立未充如大儒

樗軒齋

樗軒齋在京畿道金浦市霞城面佳金里朴樗軒公追慕處也公諱信字敬夫號樗軒又雲峰系雲峰朴氏也赫居世四十世諱仲華爲始祖即公曾祖麗朝都僉議贊成事封雲峰君祖諱桂芳贊成事諡忠貞考諱之誼贈議政府左贊成妣森溪周氏學士士雍女以高麗恭愍王十一年壬寅生公稟性寬厚風度魁偉爲圃隱門人二十四歲文科官至議政府贊成事世宗二十六年甲子閏七月十二日卒享八十三也贈領議政諡惠肅也繕工監提調時以官吏不

法論通津十三年其甲串爲往來者捐財産勤率鄉人以聚石爲路也嘗按廉關東愛江陵妓紅粧一日巡歷諸郡而還府尹趙石澗云仡詿曰紅粧已仙去矣公悼念不已石澗邀公出遊鏡浦臺密令紅粧盛飾又別具畫船徐入浦口徘徊石澗謂公曰此地有古仙蹟花朝月夕人或見之哉嗚呼趙朴之交讚曰

末伏已過秋氣齊　金陵涂谷一丘鞋
飛檐瓦屋丹靑好　方墓姬荷草石萋
作路出捐安百姓　提調連吏值流陛
庭前老木歡京客　齋內幽香雙手携

表忠祠

表忠祠在京畿道金浦市霞城面頭流里閔景靖公別廟也公諱仁伯字伯春號苔泉驪興人也高祖諱孝誠司憲府監察曾祖諱世珪僉正祖諱宗儒掌苑署主簿考諱思權司僕寺正妣西河盧氏以朝鮮明宗七年壬子正月生公自幼穎悟受業母夫人日聞月益至文詞亦卓然爲牛溪先生門人二十二歲中司馬三十三歲文科壯元己丑以鎭安縣監捕賊汝立陞禮曹參議推忠奮義協策平難功臣上特頒徽扁人盡非之句以褒之賜田民封驪陽君甲辰以

世子冊封使朝天陞禮曹判書仁祖四年丙寅三月十日卒享年七十五也墓在通津比兒山先代墓域亥坐贈崇政大夫議政府左贊成諡景靖有文集二卷也配溫陽鄭氏監察姬璘女雙封後配溫陽蘇氏墓在石灘里也公以文章大才早捷大科嘗歛跡自守畏避名道曰吾雖不以問學見稱於師門然平生未嘗萌仕進之心者恐負所學矣公卒之日家無儋石之資公可謂不負先生之教也公長男垶司直孝友克類丙子胡亂當三田渡悲運司直公呼出集合全家族於天登寺一時殉節十三人也即司直公與

妾禹氏及庶婦及男三之內外及女四也時仁祖十
五年丁丑正月二十四日也司直公次男之鉉內外
大科準備次江原道妻家寓居不參於是慘狀甚悔
慚也斷仕進之念杜門不出承祖先之業補修毀亭
當時司直公春秋五十二子婦二十代也嗚呼一家
十三殉節兮東西古今何有哉殉節崑崙也哉讚曰

南呂秋分山野佳　金陵古道江邊街
紅門庭內新旌閭　瓦屋單間嚴廟齋
閔閥家風淸節繼　高官辭讓謙恭差
子孫固守傳承襄　丁丑年悲能克諧

伊溪公墓

伊溪公墓在京畿道楊州市長興面釜谷里公諱公濟字希仁號伊溪高靈申氏也高祖諱包翅工曹參議曾祖諱檣工曹左參判祖諱末舟全州府尹考諱洪贈兵曹判書妣草溪卞氏直長鈞女以朝鮮睿宗元年己丑生公自幼有英氣及長學行日進十八進士二十七文科歷諸職出外任賦政簡寬三十五歲時祖歸來亭別世綾州縣民來弔者涕泣以賻儀布生嶺名也其後各道觀察使漢城府尹戶曹吏曹判書賀正使等諸重職巡歷也公風姿溫粹賢眼美鬚襟懷高雅好古守正末年鄉里淳昌築蘊眞亭以文墨自娛也人有勸公爲子求官則曰累世冠冕吾又位極人就不欲富貴而吾家獨專之耶公人中之公人也清白吏之表儀也以中宗三十一年丙申遐世享六十八也謚貞敏配完山李氏湖山君鉉女賢而有禮內治亦正家有二妾撫以恩專雙璧也讚曰

昔日何人欲冷灰　鮮初申門聞聲傀
伊溪諱號有公字　踏布嶺名傳大雷
清白吏銓貞敏謚　善書評品與王唉
蘊眞亭上吟風裏　幾近從心高潔瞭

耕隱公墓

耕隱公墓在仁川廣域市西區石南洞公諱瑞康
字敬仲號耕隱白川趙氏高祖諱得珠高麗知密直
司事復興君曾祖諱何吏部尚書銀川君祖諱世卿
贈議政府左參贊考諱胖高麗知密直司事朝鮮開
國功臣復興君參贊門下府事妣鷄林李氏司醞署
直長養吾女以朝鮮太祖三年甲戌生公文章德行
特出文科後歷諸職世宗朝都承旨吏曹參判五十
歲辭仁川佳亭隱居悠悠自適或有故友吟咏世事
也世宗累徵不應命畫工畫庄而也世宗二十六年

甲子三月六日卒享年五十一也酉坐卯向墓長方
形前方後圓高麗様式也仁川廣域市有形文化財
大號指定也配東萊鄭氏判漢城府事符女合祔也
嗚呼行年不至耳順兮麗鮮交替葛藤哉從行父路
史泣兮固執我志不孝哉始作正直不然兮終末仁
義不成哉事必歸正何日兮佳亭獨登問天哉讚曰

已越立冬寒氣眞　一車西出召城輪
石南陽地高墳特　麗制方形戀貌恂
投紱歸鄉田畔隱　好朋吟嘆君王仁
纔過知命聖心裏　節孝相爭終送親

竹溪公墓

竹溪公墓在仁川廣域市西區堂下洞也公諱則字叔度號竹溪系固城李氏也高祖諱嵒門下侍中鐵城府院君著檀君世紀曾祖諱岡密直副使祖諱原左議政考諱垍漢城少尹贈左贊成妣光州鄭氏掌令之唐女以世宗二十年戊午生公公自幼穎悟博學強記爲文章操筆立就語年十九中進士年二十五大科歷內外要職至知中樞府事公少豪邁不羈遺落細故未嘗介意人莫敢測其涯涘公爲人嚴毅而樂易疏暢而堅確當官處事屹然如山不可動搖居家重默子弟侍坐未嘗交一言性清儉服無異彩食不重味雖至貴顯門庭蕭然無異寒素公以大司成出爲觀察學生二百餘人上書請留曰李某斯文之表吾道之宗一方之民雖受其賜一國之士於何考德乎燕山君二年丙辰四月十四日卒享年五十九諡貞肅配安東權氏戶曹佐郎溫女雙封讚曰

冬至寒風探白文　一車西出仁川汾
黔丹堂下雙封肅　螭首墓碑多字紜
貴爵門庭無異素　學生上疏請留炘
杏村以後開書筆　史學名家儒子韞

廣慕齋

廣慕齋在京畿道廣州市木洞李容軒公追慕處也公諱原字次山號容軒系固城李氏高祖諱尊庇密直副使曾祖諱瑀判三司事祖諱嵒都僉議侍中考諱岡密直副使妣郭延俊女以高麗恭愍王十七戊申年生公自幼穎悟年十八文科試官圃隱曰父未盡才德有如此子皆天意也出仕歷內外職朝鮮世宗朝至左議政以偉壯俊秀人品隨行中國使臣應陳賀唱和皇帝曰黃髥宰相數來如何哉爲人忠直廣度正學以究備君子之資也對人寬大無飾無私心以敬思想實踐者內敬外信發顯者也世宗八年以奴婢不法取得流礪山同十一年己酉六月十九日卒享年六十二也諡襄憲有文集配陽川許氏典理判書錦女後配全州崔氏軍簿摠郎丁智女墓夫雙封也嗚呼世宗代拜相今稱太平宰相哉禮吏兵判今政務寬平哉憲長文衡今儒風正立哉讚曰

小大寒中冬色元　一車南出廣州翻
飛檐瓦屋丹青肅　幽宅雙封夫婦溫
名閥家人君子賑　外邦聖主至親尊
纔過耳順天呼出　偉壯多才誰妬誼

한가락 찾아간 차례

역사탐방 358회
4323. 4. 29 ~ 4353. 1. 18

한가락 모임

한가락 모임

▸시 작

중관 최권흥 선생님으로부터 한문공부를 하던 사람들이, 어느 날 모여서 한문공부의 목표를 이야기하던 중, 한문공부는 우리의 과거사를 알기 위해서이고, 우리의 과거를 바르게 알지 못하고서는 남의 앞에 서는 지도자가 될 수 없고, 지도자란 바로 우리의 옛 선비 정신을 갖추어야 되는데, 바로 그 옛 선비의 멋 중에는 시조라는 풍류가 있다는 것을 알게 되었다.

벽고, 고룡, 욕천, 노산당 등 12명이 뜻을 모아 따로 한문공부를 계속하여 우리의 역사를 올바르게 알며, 또 시조공부를 통해 선비로서의 멋까지도 아울러서 남을 이끄는 지도자로서의 소양도 길러보고자 역사의 현장 즉, 우리 역사 속에서 남달리 훌륭한 지도자적 삶을 살다간 분들의 유적지를 찾아가 그 정신을 시조로 읊어보고자 했다.

1990년 4월 29일, 중관 선생님을 모시고 경기도 포천군 신북면 고일리 왕방산 밑에 있는 고려말 절의충신 성여완 이헌 묘를 찾아가 시조를 읊고, 모임의 이름을 '한가락'이라 선생님께서 붙여주셨다.

▸활 동

주례활동 – 매주 목요일 19시~21시, 역사공부, 시조공부.

월례활동 – 매월 첫 토요일, 역사탐방을 통해 현장에서의 역사공부와 시조 지어 읊기로 시조의 원형 되살리기.

연례활동 – 매년 4월 29일, 시조집 발간 출판기념회 및 연구발표.

* 현재 역사탐방 358회로 한가락 시조집 1~30집과 기타 연구집 33권을 출간함.

차례	곳	사 람	어떤 이	고 을	날 짜	한가락
1	怡軒墓	成汝完	고려 말 절신	경기 포천	4323. 4. 29	제1권
2	金水亭	楊士彦	조선조 선비	경기 포천	5. 27	〃
3	洗心亭	趙 昱	〃	경기 양평	6. 24	〃
4	寶山亭	朴 禎	고려 말 절신	경기 양평	7. 22	〃
5	聽松墓	成守琛	조선조 선비	경기 파주	9. 09	〃
6	壯節公墓	申崇謙	고려 개국공신	강원 춘천	10. 14	〃
7	耘谷墓	元天錫	고려 말 절신	강원 원주	11. 11	〃
8	牧隱墓	李 穡	〃	충남 서천	12. 09	〃
9	觀瀾亭	元 昊	조선조 생육신	충북 제천	4324. 1. 03	〃
10	採薇亭	吉 再	고려 말 절신	경북 구미	2. 03	〃
11	氷玉亭	金令貽	고려 말 충신	충북 영동	3. 17	〃
12	邀僊亭	楊士彦	조선조 선비	강원 영월	4. 01	제2권
13	避世亭	趙 紳	고려 말 절신	충북 괴산	5. 26	〃
14	紫薇亭	李 午	〃	경남 함안	6. 30	〃
15	東皐亭	李英吉	조선조 선비	충북 청원	7. 28	〃
16	月巖亭	金 澍	고려 말 절신	경북 선산	8. 25	〃
17	獨守亭	全新民	〃	전남 담양	9. 08	〃
18	返舊亭	權 定	〃	경북 영주	10. 06	〃
19	永思亭	劉 懽	〃	경남 거창	11. 10	〃
20	花樹亭	具 鴻	〃	대구 북구	12. 01	〃
21	隅谷亭	鄭 溫	〃	경남 진주	4325. 1. 11	〃
22	教授亭	趙承肅	〃	경남 함양	2. 09	〃
23	陟西亭	洪 魯	고려 말 충신	경북 군위	3. 08	제2권

차례	곳	사 람	어떤 이	고 을	날 짜	한가락
24	洗心亭	南知言	조선조 선비	충북 영동	4325. 4. 12	제3권
25	南下亭	金 佇	고려말 충신	경북 예천	5. 05	〃
26	永慕亭	愼義連	조선조 효자	전북 진안	6. 14	〃
27	醉石亭	金景憙	조선조 선비	전북 고창	7. 05	〃
28	梅鶴亭	黃耆老	〃	경북 선산	8. 24	〃
29	梅菊亭	李兆年	고려 말 선비	경북 고령	9. 20	〃
30	越松亭	李 行	고려 말 충신	경북 울진	10. 03~04	〃
31	草澗亭	權文海	조선조 선비	경북 예천	11. 01	〃
32	臥仙亭	太白五賢	〃	경북 봉화	12. 06	〃
33	洗川亭	吳國華	고려 말 절신	경북 의성	4326. 1. 10	〃
34	三詠亭	柳漢禎	조선조 선비	경북 군위	2. 07	〃
35	如此亭	張 礖	〃	경북 구미	3. 07	〃
36	天雲亭	李萬敷	〃	경북 상주	4. 18	제4권
37	丹丘館	金 後	고려 말 절신	경남 산청	5. 16	〃
38	詠歸亭	金光粹	조선조 선비	경북 의성	6. 13	〃
39	江昌閣	全文軾	고려 말 절신	전북 진안	7. 04	〃
40	萬景亭	尹師晳	조선조 선비	충북 청원	8. 22	〃
41	松谷祠	柳方澤	고려 말 절신	충남 서산	9. 19	〃
42	睡仙亭	宋眞儒	조선조 선비	전북 진안	10. 17	〃
43	望京樓	閔安富	고려 말 절신	경남 산청	11. 07	〃
44	魯岡齋	柳 藩	〃	경남 합천	12. 05	〃
45	龍浦齋	申 祐	〃	경북 의성	4327. 1. 09	〃
46	種善亭	琴應石	조선조 선비	경북 봉화	2. 06	제4권

차례	곳	사 람	어떤 이	고 을	날 짜	한가락
47	景德齋	姜淮仲	고려 말 절신	경기 고양	4327. 3. 06	제4권
48	歸來亭	申末舟	조선조 선비	전북 순창	4. 10	제5권
49	瑞雲齋	全五倫	고려 말 절신	강원 정선	5. 08	〃
50	枯松亭	金忠柱	조선조 선비	경기 시흥	6. 12	〃
51	景杜齋	金冲漢	고려 말 절신	전북 남원	7. 03	〃
52	居然亭	全時敍	조선조 선비	경남 함양	8. 21	〃
53	永慕齋	金士廉	고려 말 절신	충북 청원	9. 11	〃
54	德川齋	柳興龍	조선조 선비	충북 청원	10. 16	〃
55	尋源亭	鄭芝榮	〃	경남 함양	11. 06	〃
56	大承齋	崔 瀁	고려 말 절신	전북 완주	12. 04	〃
57	高德齋	李養中	〃	경기 광주	4328. 1. 15	〃
58	醉睡亭	金可行	〃	경남 거창	2. 05	〃
59	基洞書院	李 瓊	〃	경남 거창	3. 05	〃
60	建溪亭	章大莊	〃	경남 거창	4. 02	제6권
61	成仁堂	朴可權	〃	경북 성주	5. 07	〃
62	永慕齋	玄玉亮	〃	경북 예천	6. 04	〃
63	靖慕齋	金五行	〃	전북 고창	7. 02	〃
64	慕松齋	崔 淸	〃	경기 양주	8. 20	〃
65	五柳書社	朴 愈	〃	충남 예산	9. 17	〃
66	崇德齋	晉于蘭	〃	전북 남원	10. 01	〃
67	敬慕齋	李攀桂	〃	강원 횡성	11. 05	〃
68	三松齋	朴宜中	〃	전북 김제	12. 03	〃
69	漁隱齋	卜渭龍	고려 말 절신	충남 홍성	4329. 1. 07	제6권

차례	곳	사 람	어떤 이	고 을	날 짜	한가락
70	崇慕齋	殷莘尹	고려 말 절신	경기 용인	4329. 2. 04	제6권
71	繼敬齋	金世英	〃	전북 부안	3. 03	〃
72	孝思齋	裵尙志	〃	경북 안동	4. 07	제7권
73	時思齋	晉如蘭	〃	전북 남원	5. 05	〃
74	聚遠亭	全 淑	〃	충북 옥천	6. 02	〃
75	景義齋	沈元符	〃	경북 청송	7. 07	〃
76	駒城齋	李中仁	〃	경기 용인	8. 18	〃
77	桑村齋	金自粹	〃	경기 광주	9. 08	〃
78	慕先亭	朴 翊	〃	경남 밀양	10. 06	〃
79	淸襟亭	李 致	〃	경남 합천	11. 03	〃
80	景慕齋	田貴生	〃	충남 홍성	12. 01	〃
81	隨日齋	金 濟	〃	경북 상주	4330. 1. 05	〃
82	景慕齋	玉斯溫	〃	경남 의령	2. 02	〃
83	退隱亭	李 嶷	〃	경북 영주	3. 02	〃
84	舞雩亭	蔡貴河	〃	경북 상주	4. 06	제8권
85	龍湖齋	范世東	〃	광주 북구	5. 04	〃
86	墨井書院	申德隣	〃	충북 청원	6. 01	〃
87	永慕亭	林 卓	〃	전남 나주	7. 06	〃
88	岐谷亭	林蘭秀	〃	충남 연기	8. 17	〃
89	聽之亭	鄭 熙	〃	광주 서구	9. 07	〃
90	景忠齋	都 膺	〃	충남 예산	9. 28	〃
91	白松齋	安 俊	〃	경북 예천	11. 02	〃
92	崇義齋	白 莊	고려 말 절신	전북 장수	12. 07	제8권

차례	곳	사람	어떤 이	고 을	날 짜	한가락
93	日新齋	盧俊恭	고려 말 절신	광주 북구	4331. 1. 04	제8권
94	扶陽齋	金居翼	〃	충남 부여	2. 01	〃
95	麗日齋	孔 僖	〃	전남 여수	3. 01	〃
96	風浴樓	成 溥	〃	전북 고창	4. 12	제9권
97	鶴陰齋	曺繼芳	〃	경남 창녕	5. 10	〃
98	永慕齋	程 廣	〃	광주 서구	6. 14	〃
99	常山齋	宋匡輔	〃	충북 진천	7. 05	〃
100	開雲齋	金先致	〃	경북 상주	8. 23	〃
101	齋洞書院	宋 侃	단종 충신	전남 고흥	9. 06	〃
102	懿德祠	車原頫	고려 말 절신	경기 평택	10. 11	〃
103	瞻慕齋	金九鼎	〃	경북 상주	11. 01	〃
104	直山齋	林 鷺	〃	경북 예천	12. 06	〃
105	松月祠	林先味	〃	전남 화순	4332. 1. 10	〃
106	松塢墓	金承露	〃	충남 연기	2. 07	〃
107	麗窩墓	徐 甄	〃	경기 의왕	3. 07	〃
108	道淵書院	許 麒	〃	경남 고성	4. 11	제10권
109	務安齋	兪 蕆	〃	경기 양주	5. 02	〃
110	崇義齋	張輔之	〃	경북 의성	6. 13	〃
111	月峴祠	朴 忱	〃	전남 영광	7. 04	〃
112	南谷齋	李釋之	〃	경기 용인	8. 22	〃
113	嵋南齋	趙 瑛	〃	전북 순창	9. 12	〃
114	謙川書院	趙 瑜	〃	전남 순천	10. 03	〃
115	華巖書院	白仁寬	고려 말 절신	대구 북구	11. 14	제10권

차례	곳	사 람	어떤 이	고 을	날 짜	한가락
116	享保齋	梁 祐	고려 말 절신	전북 남원	4332. 12. 05	제10권
117	淸溪書院	鄭天益	고려 충신	경남 진주	4333. 1. 09	〃
118	錦南齋	吳尙德	고려 말 절신	전북 남원	2. 13	〃
119	大興君墓	李連桂	〃	경북 의성	3. 05	〃
120	塹星壇	檀 君	개국 시조	인천 강화	4. 02	제11권
121	忠孝齋	李義碩	단종 충신	충북 청원	5. 07	〃
122	松軒墓	薛 馮	고려 말 절신	경기 용인	6. 04	〃
123	慕先齋	金允南	〃	경기 파주	7. 02	〃
124	白頭山	桓 雄	개천 상조	함경도	8. 04~06	〃
125	心源亭	全春源	조선조 선비	경남 거창	9. 03	〃
126	汾水齋	尹 瓘	고려 장군	경기 파주	10. 01	〃
127	山泉齋	李思敬	고려 말 절신	경북 김천	11. 05	〃
128	慕先齋	元 宣	〃	경기 의정부	12. 03	〃
129	斗山齋	許有全	고려 충신	인천 강화	4334. 1. 07	〃
130	忠慕齋	南乙珍	고려 말 절신	경기 양주	2. 04	〃
131	花園齋	石汝明	〃	충북 충주	3. 04	〃
132	石圃齋	金 路	〃	경기 여주	4. 01	제12권
133	松菴亭	朴門壽	〃	전북 남원	5. 06	〃
134	四可齋	李奎報	고려 선비	인천 강화	6. 03	〃
135	金笠墓	金炳淵	조선조 선비	강원 영월	7. 01	〃
136	南昌齋	孫孝貞	고려 말 절신	충남 논산	8. 05	〃
137	永慕齋	徐 閈	고려 선비	충남 예산	9. 02	〃
138	延華祠	李元發	고려 말 절신	경기 용인	10. 07	제12권

차례	곳	사 람	어떤 이	고 을	날 짜	한가락
139	履露齋	孫 策	고려 말 절신	전남 보성	4334. 11. 04	제12권
140	忠壯祠	南以興	조선조 장군	충남 당진	12. 02	〃
141	重先齋	宋 寅	고려 말 절신	전남 고흥	4335. 1. 06	〃
142	永思閣	羅繼從	〃	전남 나주	2. 03	〃
143	栗里祠	申 淇	〃	충남 서천	3. 03	〃
144	永思齋	李 棹	고려 개국공신	충남 연기	4. 07	제13권
145	時調碑	李義碩	단종 충신	충북 청원	5. 04	〃
146	鳳岡齋	尹莘達	고려 개국공신	경북 포항	5. 05	〃
147	春福齋	孫兢訓	〃	경남 밀양	6. 02	〃
148	太師祠	卜智謙	〃	충남 당진	7. 07	〃
149	歲一齋	韓 蘭	〃	충북 청원	8. 04	〃
150	德星堂	崔知夢	〃	전남 영암	9. 01	〃
151	武烈公墓	裵玄慶	〃	경북 칠곡	10. 06	〃
152	寒泉書院	全以甲 全義甲	〃	경북 달성	11. 03	〃
153	彌石齋	金宣弓	〃	경북 구미	12. 01	〃
154	敬思齋	柳車達	〃	광주 광산구	4336. 1. 06	〃
155	豊壤齋	趙 孟	〃	경기 남양주	2. 09	〃
156	太師墓	庾黔弼	〃	충남 부여	3. 02	〃
157	遠慕壇	朴英規	〃	충북 청주	4. 06	제14권
158	陵洞齋	權 幸	〃	경북 안동	5. 04	〃
159	松林齋	成思齊	고려 말 절신	경남 창녕	6. 01	〃
160	崇悳齋	金萱述	고려 개국공신	경북 구미	7. 06	제14권

차례	곳	사 람	어떤 이	고 을	날 짜	한가락
161	杜菴墓	全 賁	고려 말 충신	강원 정선	4336. 8. 03	제14권
162	城谷齋	張貞弼	고려 개국공신	경북 안동	9. 07	〃
163	追遠齋	邉安烈	고려 말 충신	경기 남양주	10. 05	〃
164	崇祖壇	李堅雄	고려 개국공신	충남 천안	11. 02	〃
165	台庄齋	金宣平	〃	경북 안동	12. 07	〃
166	敬收堂	李悤言	〃	경북 성주	4337. 1. 04	〃
167	慕隱壇	蘇格達	〃	경기 안성	2. 01	〃
168	慕麗壇	邉 肅	고려 말 절신	경기 포천	3. 07	〃
169	景慕祠	羅聰禮	고려 개국공신	전남 나주	4. 11	제15권
170	聚斯堂	金 佶	〃	전남 담양	5. 02	〃
171	篁山祠	崔必達	〃	강원 강릉	6. 06	〃
172	鶴山書院	朴允雄	〃	경남 울산	7. 04	〃
173	學士公墓	李 皐	고려 말 절신	경기 수원	8. 01	〃
174	戀主閣	康得龍	〃	경기 과천	9. 05	〃
175	壯景公壇	許宣文	고려 개국공신	경기 김포	10. 03	〃
176	鳳山祠	姜以式	고구려 장군	경남 진주	11. 07	〃
177	飮水齋	金方慶	고려 말 장군	경북 안동	12. 05	〃
178	仁興書院	秋 適	고려 말 선비	대구 달성	4338. 1. 09	〃
179	永慕堂	李湯休	고려 말 절신	전북 임실	2. 06	〃
180	湖隱墓	洪 演	단종 충신	경기 양주	3. 06	〃
181	景烈祠	鄭 地	고려 충신	광주 북구	4. 03	제16권
182	平章事公墓	朴元浤	〃	강원 인제	5. 01	〃
183	敬止齋	金 坵	고려 충신	전북 부안	6. 12	제16권

차례	곳	사 람	어떤 이	고 을	날 짜	한가락
184	龍安祠	李思之	고려 말 절신	경남 밀양	4338. 7. 03	제16권
185	陶隱齋	李崇仁	〃	경북 성주	8. 07	〃
186	龍岡祠	朴 諏	〃	경남 양산	9. 04	〃
187	崇義齋	李存仁	〃	경북 김천	10. 09	〃
188	望松齋	韓哲冲	〃	경남 합천	11. 20	〃
189	居平祠	魯 愼	〃	전남 나주	12. 04	〃
190	忠敬書院	廉致中	〃	전남 나주	4339. 1. 08	〃
191	書雲齋	金 綏	〃	경기 의왕	2. 05	〃
192	陶山齋	朴可興	〃	경기 남양주	3. 19	〃
193	永慕齋	池勇奇	고려 말 충신	충남 아산	4. 02	제17권
194	麥山齋	成仁輔	고려 충신	경남 창녕	5. 14	〃
195	玉溪書院	張安世	고려 말 절신	경북 구미	6. 03	〃
196	下松齋	金 起	〃	경북 구미	7. 02	〃
197	永慕齋	金七陽	〃	전남 강진	8. 06	〃
198	養眞堂	姜 蓍	〃	경북 안동	9. 03	〃
199	鳳停齋	申得淸	〃	경북 영덕	10. 01	〃
200	聖巖書院	柳 淑	고려 충신	충남 서산	11. 05	〃
201	明禮閣	柳惠孫	고려 말 절신	경기 고양	12. 10	〃
202	泮谷書院	鞠 濡	〃	전북 완주	4340. 1. 07	〃
203	忠義祠	申包翅	〃	전남 고흥	2. 04	〃
204	政丞公墓	任 珦	〃	충남 보령	3. 04	〃
205	忠簡公墓	尹 璜	〃	충남 당진	4. 01	제18권
206	鳴灘書院	李明誠	고려 말 절신	충남 공주	5. 13	제18권

차례	곳	사 람	어떤 이	고 을	날 짜	한가락
207	文憲書院	崔安澤	고려 말 절신	경기 오산	4340. 6. 03	제18권
208	浮海亭	盧仁正	〃	경남 고성	7. 01	〃
209	長沙齋	金臣寶	〃	전북 고창	8. 05	〃
210	洛東書院	禹玄寶	〃	대구 달서	9. 02	〃
211	逸老公墓	金揚南	〃	경기 연천	10. 07	〃
212	典書公墓	柳從惠	〃	경북 안동	11. 04	〃
213	平章事公壇	柳 池	〃	전북 완주	12. 02	〃
214	追遠齋	宋 桂	〃	전남 담양	4341. 1. 06	〃
215	肅文齋	柳 渾	〃	전북 완주	2. 03	〃
216	慕忠齋	吳 僖	〃	전북 익산	3. 09	〃
217	嚴毅公壇	朴述熙	고려 개국공신	경기 의정부	4. 06	제19권
218	謝臥齋	全 順	고려 말 절신	경북 고령	5. 04	〃
219	泮亭齋	田子壽	〃	경북 울진	6. 01	〃
220	典書公墓	崔 濱	〃	경기 양주	7. 06	〃
221	桂林齋	崔有江	〃	경기 양평	8. 03	〃
222	兩樂亭	崔七夕	〃	전북 임실	9. 07	〃
223	東山祠	崔安雨	〃	전남 나주	10. 05	〃
224	驪江公墓	尹忠輔	〃	경기 양평	11. 02	〃
225	景慕齋	金若時	〃	경기 광주	12. 07	〃
226	典書公壇	徐 輔	〃	충남 천안	4342. 1. 04	〃
227	霞山祠	魏 种	〃	전남 장흥	2. 01	〃
228	竹林齋	曺大運	고려 말 절신	전남 담양	3. 01	제19권

차례	곳	사 람	어떤 이	고 을	날 짜	한가락
229	德隱齋	趙仁璧	고려 말 절신	경기 파주	4342. 4. 05	제20권
230	景雲齋	張天永	〃	강원 동해	5. 03	〃
231	武陽書院	崔允德	〃	광주 광산	6. 07	〃
232	孤竹齋公壇	趙安卿	〃	경기 연천	7. 05	〃
233	牛山書院	金臺卿	〃	전남 무안	8. 02	〃
234	誠久祠	卞 贇	〃	경남 마산	9. 06	〃
235	五忠祠	宣允祉	〃	전남 보성	10. 10	〃
236	世德祠	卓光茂	〃	경북 안동	11. 08	〃
237	琴隱公墓	李陽昭	〃	경기 연천	12. 06	〃
238	敬慕齋	金 恂	고려 말 충신	경기 안양	4343. 1. 10	〃
239	賢慕齋	閔 愉	고려 말 절신	경기 김포	2. 07	〃
240	世德祠	孟希道	〃	충남 아산	3. 07	〃
241	永慕齋	金永煦	고려 말 충신	충북 청원	4. 11	제21권
242	上黨祠	郭 樞	고려 말 절신	충북 청주	5. 02	〃
243	都摠制公墓	朴德公	〃	경기 의정부	6. 13	〃
244	永慕齋	蔡玉澤	〃	전북 군산	7. 04	〃
245	永雲齋	宋 郊	고려 말 충신	전북 정읍	8. 08	〃
246	趙琴隱公墓	趙 悅	고려 말 절신	경남 함안	9. 05	〃
247	東岡公墓	李 隣	〃	강원 원주	10. 03	〃
248	松菴公墓	金 秩	〃	충남 아산	11. 07	〃
249	學堂齋	金成牧·金休	〃	충남 연기	12. 05	〃
250	李舍人公壇	李 蒨	〃	전북 익산	4344. 1. 09	〃
251	湘水齋	洪 智	〃	경기 양주	2. 06	〃
252	奉哥池	奉 佑	고려 충신	인천 강화	3. 06	제21권

차례	곳	사 람	어떤 이	고 을	날 짜	한가락
253	源仁齋	許 謙	인천이씨 시조	인천 연수구	4344. 4. 03	제22권
254	溫水君神壇	方 雲	온양방씨 시조	충남 아산	5. 01	〃
255	龍岡齋	尹 威	남원윤씨 시조	전남 구례	6. 12	〃
256	慕先祠	鄭普天	온양정씨 시조	충남 아산	7. 03	〃
257	始祖公壇	趙 岑	양주조씨 시조	서울 강북구	8. 21	〃
258	始祖公壇	李敦守	덕수이씨 시조	충남 아산	9. 04	〃
259	龍田齋	徐 稜	이천서씨 효자	전남 장성	10. 09	〃
260	東谷書院	趙 愼	고려 말 절신	충남 부여	11. 06	〃
261	渡東齋	蔣 壻	아산장씨 시조	충남 아산	12. 04	〃
262	判事公壇	李守仁	고려 말 절신	경기 평택	4345. 1. 08	〃
263	遠慕齋	全 信	〃	인천 강화	2. 05	〃
264	節制使公墓	李 沃	〃	경기 포천	3. 04	〃
265	海巖亭	沈東老	삼척심씨 시조	강원 동해	4345. 4. 01	제23권
266	慕賢齋	睦孝基	사천목씨 시조	서울 도봉구	5. 12	〃
267	梅山書院	文益漸	고려 말 절신	경기 여주	6. 16	〃
268	三莊齋	金子進	〃	전남 나주	7. 07	〃
269	思陽影堂	李公升	고려 충신	충북 진천	8. 11	〃
270	苾芬齋	邉 靜	고려 말 절신	전남 장성	9. 01	〃
271	典書公墓	朴元象	〃	대전 동구	10. 13	〃
272	慕先齋	崔原儒	고려 충신	충북 충주	11. 03	〃
273	追遠齋	田得雨	고려 말 절신	충남 부여	12. 01	〃
274	雙明齋	李仁老	고려 충신 문장가	경남 의령	4346. 1. 05	〃
275	西河公墓	林 椿	〃	인천 서구	2. 02	〃
276	楡川齋	崔文漢	고려 말 절신	강원 강릉	3. 09	제23권

차례	곳	사 람	어떤 이	고 을	날 짜	한가락
277	燕岐大捷碑	金 忻	고려 장군	세종 연서	4346. 4. 06	제24권
278	龍江書院	朴 犀	〃	경기 고양	5. 04	〃
279	惕若齋公壇	金九容	고려 충신	경기 포천	6. 08	〃
280	追遠齋	崔立之	〃	강원 강릉	7. 06	〃
281	省農公墓	全思安	고려 절신	인천 강화	8. 10	〃
282	鼎井齋	禹 倬	고려 충신	경북 안동	9. 07	〃
283	世德祠	趙 冲	고려 장군	강원 횡성	10. 05	〃
284	永慕齋	金得和	〃	경북 상주	11. 02	〃
285	文景齋	李存吾	고려 충신	서울 서초구	12. 07	〃
286	霜露齋	朴尚衷	〃	전남 나주	4347. 1. 04	〃
287	文懿公墓	朴 恒	〃	강원 춘천	2. 08	〃
288	慕省齋	柳公權	고려 충신	경기 포천	3. 08	〃
289	文學臺	李文挺	고려 절신	전북 전주	4347. 4. 06	제25권
290	孫乭公墓	孫 乭	고려 충신	경기 김포	5. 10	〃
291	執義公壇	禹洪得	〃	강원 영월	6. 14	〃
292	松山齋	鄭 矩	고려 절신	경기 의정부	6. 29	〃
293	判書公壇	禹洪命	고려 충신	대구 달서	8. 09	〃
294	大提學公壇	禹洪壽	〃	대전 유성	9. 13	〃
295	安子墓	安 珦	〃	경기 의왕	10. 11	〃
296	象山齋	徐 熙	고려 장군	경기 여주	11. 01	〃
297	益齋公壇	李齊賢	고려 충신	경기 용인	12. 06	〃
298	金就呂 將軍墓	金就呂	고려 장군	인천 강화	4348. 1. 10	〃
299	寒泉齋	尹 侅	고려 충신	경기 시흥	2. 14	〃
300	永慕齋	李碩才	고려 초신	충남 공주	3. 07	제25권

차례	곳	사 람	어떤 이	고 을	날 짜	한가락
301	景遠祠	李子蒝 三兄弟	고려 충신	세종 전의	4348. 4. 04	제26권
302	景芸祠	李彦冲	〃	경기 여주	5. 02	〃
303	龍巒齋	梁朱雲	〃	전북 남원	6. 13	〃
304	典農正公墓	李 雄	고려 절신	경북 안동	7. 11	〃
305	追遠齋	安文凱	고려 충신	경북 영주	8. 08	〃
306	遠慕齋	裵 矩	고려 절신	충북 영동	9. 05	〃
307	慕道齋	裵晉孫	〃	경북 성주	10. 10	〃
308	直提學公墓	裵尙度	〃	경기 파주	11. 07	〃
309	永慕庵	安永儒	고려 충신	경북 영주	12. 05	〃
310	典書公墓	裵尙恭	고려 절신	경북 안동	4349. 1. 09	〃
311	武烈祠	裵乙瑞	고려 절신	전남 나주	2. 13	제26권
312	學亭書院	洪 鵬	조선조 선비	전북 임실	4. 09	제27권
313	報遠齋	李達衷	고려 충신	경북 안동	5. 21	〃
314	文簡公墓	李 挺	〃	충북 진천	6. 18	〃
315	永思齋	朴元龍	고려 절신	충북 영동	7. 09	〃
316	判書公墓	朴長生	〃	충북 음성	8. 06	〃
317	追遠亭	李作臣	고려 충신	경남 합천	9. 03	〃
318	退庵祝祭	金居翼	고려 절신	충남 부여	9. 30	〃
319	羲易堂	禹仲大	고려 충신	충북 단양	11. 12	〃
320	巖灘公墓	李養蒙	고려 절신	경기 광주	12. 03	〃
321	釣隱公墓	柳 珣	〃	경기 고양	4350. 1. 07	〃
322	易菴公壇	成士達	고려 충신	경기 양주	2. 04	〃
323	懿德祠	車安卿	고려 절신	경기 평택	3. 04	제27권
324	松泉書院	李貞幹	조선 선비	충북 청주	4. 08	제28권

차례	곳	사 람	어떤 이	고 을	날 짜	한가락
325	藥圃公墓	李海壽	조선 선비	경기 양주	4350. 5. 13	제28권
326	五山公墓	車天輅	〃	경기 과천	6. 10	〃
327	金山祠	金庾信	신라 장군	경기 화성	7. 15	〃
328	安谷書院	朴世勳	조선 선비	경기 화성	8. 19	〃
329	草堂公墓	許 曄	〃	경기 용인	9. 23	〃
330	都節制使公墓	李承幹	〃	경남 진주	10. 28	〃
331	於于堂墓	柳夢寅	〃	경기 가평	11. 25	〃
332	忠義齋	李愼儀	〃	경기 고양	12. 23	〃
333	樊巖公墓	蔡濟恭	〃	경기 용인	4351. 1. 27	〃
334	雪雲齋	徐 渻	〃	경기 포천	2. 10	〃
335	鷺江書院	朴泰輔	조선 선비	경기 의정부	3. 03	제28권
336	通亭公墓	姜淮伯	여말·선초 선비	경기 연천	4. 21	제29권
337	月亭公墓	柳廷顯	〃	경기 안양	5. 26	〃
338	鶴蘭齋	朴蘭英	조선 선비	경기 이천	6. 16	〃
339	北窓公墓	鄭 𥖝	〃	경기 양주	7. 14	〃
340	阿干公墓	徐神逸	신라 선비	경기 이천	8. 18	〃
341	舞雩亭址	李聖任	조선 선비	〃	9. 29	〃
342	六槐亭	嚴用順	〃	〃	10. 13	〃
343	珍山公墓	慶 綿	〃	경기 여주	11. 10	〃
344	藥泉公墓	南九萬	〃	경기 용인	12. 22	〃
345	芝村公墓	李喜朝	〃	경기 남양주	4352. 1. 19	〃
346	開谷齋	林繼楨	고려말 선비	경기 김포	2. 16	〃
347	敬祖祠	趙廷翼	조선 선비	〃	3. 23	제29권
348	德峯書院	吳斗寅	조선 선비	경기 안성	5. 04	제30권

차례	곳	사 람	어떤 이	고 을	날 짜	한가락
349	薪谷公墓	尹 槃	조선 선비	경기 김포	4352. 5. 18	제30권
350	淸心齋	沈達源	〃	〃	6. 08	〃
351	參贊公墓	閔應亨	〃	〃	6. 29	〃
352	寒齋祠堂	李 穆	〃	〃	7. 20	〃
353	樗軒齋	朴 信	여말·선초 선비	〃	8. 17	〃
354	表忠祠	閔仁伯	조선 선비	〃	9. 21	〃
355	伊溪公墓	申公濟	〃	경기 양주	10. 12	〃
356	耕隱公墓	趙瑞康	〃	인천 서구	11. 16	〃
357	竹溪公墓	李 則	〃	〃	12. 21	〃
358	廣慕齋	李 原	조선 선비	경기 광주	4353. 1. 18	제30권

한가락모임 회원

차례	아호	이름	하는 일	한가락
1	벽고(碧皐)	장대열(張大烈)	중등학교 교사	제1권
2	여산(汝蒜)	이병진(李炳振)	회사 경영	〃
3	해봉(海峯)	홍종련(洪鐘連)	국회자문위원	〃
4	옥마(玉馬)	신광철(申光澈)	외국어교육진흥원장	〃
5	함주(咸州)	이재철(李在徹)	롯데건설 소장	〃
6	청잠(菁岑)	이기현(李基昡)	이향동근회 연구실장	〃
7	고룡(古龍)	맹치덕(孟致德)	중등학교 교사	〃
8	욕천(浴川)	최장호(崔章鎬)	건강보험심사평가원	〃
9	노산당(魯山堂)	전향아(全香阿)	한가락 총무	〃
10	웅천(熊川)	최정환(崔正煥)	중등학교 교사	〃
11	고천(孤川)	김종열(金種悅)	중등학교 교사	〃
12	귀원(龜原)	김한기(金漢基)	중등학교 교사	〃
13	두고(斗皐)	홍봉성(洪鳳性)	국방부 과장	제2권
14	계천당(桂川堂)	이화용(李華鏞)	초등학교 교사	〃
15	갑고(甲皐)	홍영표(洪永杓)	대학 교수	제3권
16	문원(文園)	김경미(金京美)	대학원생	〃
17	소정(蘇亭)	이정웅(李正雄)	중등학교 교사	〃
18	동원(東原)	조형증(趙亨增)	세동실업 근무	제4권
19	청운(青雲)	정성심(鄭成心)	중등학교 교사	〃
20	소운(昭云)	정연경(丁燃敬)	추사체연구회 이사	제5권
21	노봉(蘆峯)	유인수(柳仁秀)	중등학교 교사	〃

차례	아 호	이 름	하는 일	한가락
22	서봉(瑞峰)	조철식(趙徹植)	중등학교 교사	제6권
23	안일당(安逸堂)	이원희(李元熙)	동천서숙 총무	〃
24	설전(雪荃)	임준신(任準臣)	설전화실 원장	〃
25	우인(又仁)	경우수(慶佑秀)	자영업	제7권
26	세화(世華)	정무진(丁武鎭)	중등학교 교사	〃
27	소곡(蘇谷)	김길웅(金吉雄)	중등학교 교사	제9권
28	석초(石艸)	홍오선(洪五善)	중등학교 교사	〃
29	청송(靑松)	송화엽(宋和曄)		〃
30	매현(梅峴)	김낙원(金洛元)	서예학원 원장	제10권
31	심계(深溪)	이우원(李雨源)		제11권
32	예주(瀛州)	김영기(金榮基)	한의원 원장	제13권
33	가산(佳山)	임봉훈(任奉壎)	대한전기공업사 대표	제15권
34	서원(西原)	김용대(金容大)	서울진양주식회사 대표	제16권
35	현정(賢亭)	정현정(鄭賢禎)	서예가	제17권
36	삼우당(三又堂)	장선숙(張善淑)	서예가	〃
37	청담(靑潭)	민영순(閔永順)	한국서가협회 초대작가	〃
38	해월(海月)	채현병(蔡賢秉)	초등학교 교사	제19권
39	시우(時雨)	이경희(李京姬)		제21권
40	오남(梧南)	이종관(李鍾寬)	변호사	제22권
41	서천(抒洊)	조경휘(趙京彙)	서예가	제27권

⪢한가락 모임 지은이⪡

최권흥 최장호 전향아 홍영표 이원희

임준신 경우수 임봉훈 이종관 조경휘

한가락 시조집 30

한가락 삼십년이여

2020년 4월 21일 초판1쇄 인쇄
2020년 4월 29일 초판1쇄 발행

지은이 한가락 모임
펴낸이 김 영 환
펴낸곳 도서출판 다운샘

주소 05661 서울특별시 송파구 중대로27길 1(오금동)
전화 (02) 449-9172 팩스 (02) 431-4151
E-mail : dusbook@naver.com
등록 제1993-000028호

ISBN 978-89-5817-466-0 04810
ISBN 978-89-5817-245-1 (세트)

값 19,000원

「이 도서의 국립중앙도서관 출판예정도서목록(CIP)은 서지정보유통지원시스템 홈페이지(http://seoji.nl.go.kr)와 국가자료종합목록 구축시스템(http://kolis-net.nl.go.kr)에서 이용하실 수 있습니다. (CIP제어번호 : CIP2020016909)